Editorial

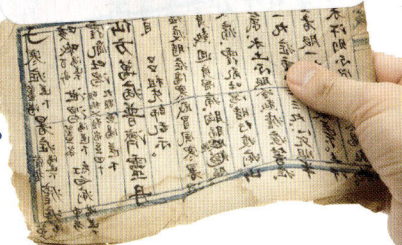

DIE URALTE WEISHEITSLEHRE des **Sheng Fui** sieht sich seit einigen Jahren einer ernsten Herausforderung gegenüber: der Irrlehre des sogenannten Feng Shui. Damit dessen Jünger nicht noch mehr Schaden anrichten als bisher schon, musste gehandelt werden. Und wir haben gehandelt! Mit dieser Schrift wollen wir die gefährlichsten Irrtümer des „Feng Shui" entlarven und wieder zum Kern des eigentlichen Philosophiesystems zurückkehren: des reinen und unverfälschten Sheng Fui.

Leugnen, Schwindeln, Abstreiten – das sind die traditionellen Waffen der „Feng Shui"-Vertreter, wenn es um den Ursprung aller asiatischen Weisheit geht – um die große Leere des **Sheng Fui**. Dabei ist schon die Entstehungsgeschichte des Namens kennzeichnend für die Methoden der „Feng Shui"-Quacksalber: Das ursprüngliche Philosophiesystem, wie es erstmals vom Weisen Chen Hsien Yu aufgebaut wurde, ist nach den Symbolen „**Sheng**" (für die Kraft des Verstandes und die Weisheit) und „**Fui**" (für Liebesmacht und Wollust) bezeichnet.

Als es um die Verwestlichung und damit auch kommerzielle Ausbeutung dieses wohl ältesten bekannten Philosophiesystems ging, hat man – reichlich plump und einfallslos – lediglich die Anfangsbuchstaben vertauscht: So wurde aus Sheng Fui das neue „Feng Shui"… Sosehr man über diese harmlose Wortfälschung schmunzeln mag – von den Inhalten dieser neuen Irrlehre geht eine reale Gefahr aus. Das heutige „Feng Shui" ist eine Ansammlung von Vergröberungen und Verfälschungen, die in der Summe oft das Gegenteil von dem bewirken, was sie bezwecken sollen.

Wir wünschen Ihnen die notwendige Erleuchtung und verbleiben mit energetischen Grüßen und einem herzlichen Chi heil

Lorenz Meyer
(Sheng Fui Germany)

Gesundes Leben

INHALT

Energetische Übung:
Den Baum umarmen

Unter energetischen Gesichtspunkten unterscheiden wir zwischen zwei wesentlichen Hauptenergiequellen: der abwärts gelagerten Erde und dem aufwärts angeordneten Himmel.

IN UNSEREN GENEN liegt ein bislang noch gut verschlüsselter Code, der unseren Körper danach streben lässt, sich vertikal zwischen den beiden Hauptenergiequellen auszurichten. Die Evolution hat sich diesem energetischen Grundsatz angepasst und uns in der Folge den aufrechten Gang geschenkt. Wenn man jedoch als aufmerksamer Beobachter durch die Straßen Deutschlands geht, fällt einem auf, dass besonders die jüngere Generation den aufrechten Gang nahezu verlernt hat. Lustlos trotten die Teens und Twens mit herabhängenden Schultern und leerem Blick durch unsere moderne Welt. Vom Gewicht ihrer Piercings und ihres Intimschmucks zusätzlich nach unten gezogen, werden diese Menschen zeitlebens Probleme mit ihrer Energiebalance haben (zu viel „Erde" und zu wenig „Himmel").

Sheng Fui kann mit speziellen Übungen helfen, die jungen Leute wieder zurück in die Gesellschaft zu führen und – im wahrsten Sinne des Wortes – zu aufrechten Staatsbürgern zu erziehen.

Besonders geeignet ist die Übung „Den Baum umarmen", bei der alle Knochen des Skelettsystems auf eine sehr effiziente Weise ausgerichtet werden. Durch ihre Kristallstruktur wirken diese nämlich wie „Antennen", durch welche die Energien von Erde und Himmel aufgenommen und vermischt werden können. Ein Sheng-Fui-Instruktor stellt sich dazu mit dem Anwender hinter einen Baum. Beide umarmen diesen nun mit weit ausgebreiteten Armen. Innerhalb weniger Minuten verschwinden die Energieblockaden und das Chi beginnt zu strömen.

Bäume umarmen:
Spezialfälle

Immer wieder treten Fragen zur Wirksamkeit des Umarmungsrituals bei bestimmten Bäumen auf. Deshalb widmen wir uns im Folgenden vier ausgesuchten Bäumen, die eine besonders hochwertige energetische Wirkung entfalten.

Stammbaum

Auf dem Stammbaum werden bekanntermaßen die Vorfahren einer Person oder Familie dargestellt. Wenn Sie mit Ihren Ahnen spiritistisch in Kontakt treten möchten, sollten Sie das Umarmungsritual mit einem handschriftlich oder maschinell erstellten (gedruckten) Stammbaum durchführen, den Sie an einem Laternenpfahl o. Ä. befestigen. Sie finden Stammbäume oftmals in Kirchenämtern, Einwohnermeldeämtern oder Schubladen.

Weihnachtsbaum

Die heilenden Kräfte des Weihnachtsbaums sind bekanntlich unabhängig von der Anzahl und vom Wert der darunter platzierten Geschenke. Durch eine innige Verbindung mit dem Baum erreicht der Umarmende eine baldige Verbesserung seiner Lebensumstände, besonders im monetären Bereich (Geld). Sie finden Weihnachtsbäume im Dezember in Geschäften und Altersheimen oder im heimischen Wohnzimmer.

Einbaum

Das Umarmen des Einbaums empfiehlt sich besonders für Heranwachsende, die an der Aufmerksamkeitsdefizit-/Hyperaktivitätsstörung (ADHS) leiden, sowie bei Rheinländern jedweden Alters. Gezielt werden die Peinlichkeitszentren des Gehirns stimuliert und das meist laute Auftreten auf ein Normalmaß gedrosselt. Sie finden Einbäume bei Naturvölkern, in Museen oder im Lexikon.

Schlagbaum

Den Schlagbaum zu umarmen bewirkt vor allem eine Stärkung der physischen Kräfte des Mannes und seiner sexuellen Anziehungskraft („Schlag bei Frauen"). Sie finden Schlagbäume unter anderem an Grenzübergängen, Bahnübergängen und an Einfahrten zu Privatgrundstücken.

 Wo du bist, da kann kein anderer sein.

Endlich wieder da:
Venus-Klangschalen

Immer wieder erreichen uns Hilferufe von Sinn-Suchenden, die das eine oder andere nützliche Sheng-Fui-Produkt in guter Qualität und zu einem vertretbaren Preis vermissen.

BESONDERS BEGEHRT SIND asiatische Klangschalen, die dazu geeignet sind, einen Raum durch Klang energetisch zu reinigen, statt ihn auszuräuchern. Leider werden derartige Klangschalen oft nur in Form liebloser Kopien und in unzureichender Ausführung auf den deutschen Markt geworfen.

Dies hat jetzt ein Ende: Wir können dank unserer guten Verbindungen in den ostasiatischen Bereich zwei Venus-Klangschalen in besonders hochwertiger De-luxe-Ausfertigung anbieten, die zudem auch optisch zu gefallen wissen. Hier die wichtigsten Daten:
Die von Meisterhand gefertigte Venus-Klangschale in der Premium-Edition schwingt wohltuend in den unteren Oktavbereichen. Die handgefertigte (Patent angemeldet) Schale ist den Sternzeichen Maulwurf und Klapperschlange zugeordnet. Der Wirkungsbereich erstreckt sich auf das vordere Stirnchakra. Der Klang wird als besonders harmonisierend und aphrodisierend empfunden.

Für Geschäftsreisen und den Familienurlaub eignet sich die Venus-Klangschale in der praktischen „Mobile Edition". Die Klangschale ist aus besonders beständigem Material gefertigt und hat einen praktischen Griff aus ebenholzfarbenem und geerdetem Titan-Polystyrol.

Stelle dich in die Sonne und du stellst alle in den Schatten.

Neuer Onlineservice:
WIR STIMMEN
IHRE KLANGSCHALE

Vorher: völlig verstimmt

Verstörende Schallereignisse mit hörorgan-
verletzender Schadwirkung.

Nachher: neu gestimmt

Verzückende Sphärenklänge sorgen für
Ausschüttung von Glückshormonen.

Freundlichkeit ist die Höflichkeit der Einfältigen.

**WEISHEITEN
DES MEISTERS:**

»Schneiden Sie Kindern unter einem Jahr nicht die Fingernägel, sondern kauen Sie diese ab. Andernfalls wird das Kind im späteren Leben ein Dieb!«

Schutz vor unliebsamen Essensgästen

SEIT JEHER MUSS der Mensch zur Arterhaltung eine gewisse Portion Rücksichtslosigkeit an den Tag legen. So war es für unsere Vorfahren aus der Steinzeit undenkbar, das „Futter" mit anderen Artgenossen zu teilen. Auch im Sheng Fui wird der Sicherung des Individuums ein breiter Raum eingeräumt. Unnütze Gaben an Dritte (Nahrungskonkurrenten) sind dabei nicht vorgesehen. Der beste Schutz vor unliebsamen Essensgästen ist ein Kaktus auf dem Esstisch. Dabei sollte für jedes Familienmitglied eine möglichst hoch emporragende Kaktuspflanze auf den Esstisch gestellt werden. Im vorliegenden Fotobeispiel würde der bepflanzte Topf eine Kleinfamilie mit einem etwas übergewichtigen Kind vor unliebsamen Essensgästen bewahren.

Bestellungen beim Universum aufgeben

Wünsche begleiten uns durch unser ganzes Leben. Doch die meisten Wünsche bleiben unerfüllt. Denn oft wird der Wunsch an den falschen Adressaten gerichtet: den lieben Gott, den Chef oder gar die Ehefrau, die sich traditionell als äußerst wunscherfüllungsresistent erweisen. Deshalb sollten Wunschbestellungen stets bei der höchsten Instanz abgegeben werden: dem Universum! Dabei gibt es Folgendes zu beachten:

1.) Bestellung genau formulieren:

Das Universum liefert exakt so aus, wie es in der Bestellung angegeben ist. Wer reich werden will und sich viele Mäuse, Flöhe oder Kröten wünscht, darf sich nicht wundern, wenn er stolzer Besitzer der aufgezählten Tierarten wird. Und wer „Gesundheit" wünscht, sollte sich über ein donnerndes „Danke!" nicht beschweren.

2.) Auslieferungszeitpunkt nennen:

Viele Wünsche sind schon daran gescheitert, dass kein verbindlicher Liefertermin vereinbart wurde. Dann rutschen die Bestellungen automatisch nach hinten und werden in der Reihenfolge des Eingangs abgearbeitet. Wenn man dann die Einwilligung des Vaters zum Bauchnabelpiercing erst mit 57 Jahren an dessen Totenbett erhält, kann man getrost von einem ungünstigen Wunschtiming sprechen.

3.) Auch an andere denken:

Beim Universum kommt es gut an, wenn man gelegentlich Wünsche für andere aufgibt. Dies erhöht die Glaubwürdigkeit (wish credibility) und verbessert sowohl die Umsetzungsquote als auch die Lieferzeit der eigenen Bestellungen. Tipp vom Profi: Wenn einem partout kein Mensch einfällt, den man mit einem Wunsch beglücken will, hilft ein kleiner Trick. So kann man dem Nachbarn mit der XXL-Garage auch Besuch vom Bauamt, seinem Chef eine Steuerprüfung oder seiner Frau einen guten Scheidungsanwalt wünschen.

 Tue das, was du fürchtest, und fürchte das, was du tust.

Das Feuerritual

DAS FEUER ZÄHLT zu den sechs Säulen des Sheng Fui.[1] Als „Element, das unsere Sinne entfacht und die Glut der Leidenschaft schürt" (Tse-Tang der Ältere), gehört es zu den Basiselementen, die in jedem Haus vorhanden sein müssen. Entzündet man beim sog. Feuerritual mittels eines Streichholzes ein Feuer (Teelicht, Kerze, Kamin etc.), wird die Feuerkraft entfacht. Das abgebrannte Streichholz steht jedoch in seiner Gesamtheit symbolhaft für ein Erlöschen der Glut (Libido) und allen menschlichen Lebens. Deshalb sollte man vor dem Ausblasen eines Streichholzes ein weiteres Streichholz von der „falschen" Seite entzünden. Dabei ist peinlichst darauf zu achten, dass der Zündkopf erhalten bleibt. Auf diese Weise ist weiterhin das Element Feuer im Haus vertreten (umgangssprachlich: Feuer in der Hütte).

[1] In der Sparvariante „Feng Shui" gibt es nur fünf Säulen.

Das Münzritual

Wohlstand und Reichtum sind die Hauptantriebsquellen unseres weltlichen Strebens. Die philosophische Basis des Umgangs mit Geld wurde vom asiatischen Sheng-Fui-Meister Tse-Tang dem Älteren geschaffen. Glück und Geld kommen zu demjenigen, der nicht nach ihnen verlangt!
Werfen Sie jeden Tag zur selben Zeit eine Zwei-Euro-Münze in die heimische Klo-schüssel. Indem Sie so Ihre Missachtung aller finanziellen Angelegenheiten zum Ausdruck bringen und sich rituell vom Geld lösen, werfen Sie den gewinnsüchtigen Ego-Ballast Ihrer Seele ab und öffnen den Weg für Glück und Reichtum.

Das kleine Glück

»Auch der Affe fällt mal vom Baum.«

Sheng-Fui-Schnuller stärkt das
Element Feuer

Junge Eltern kennen das Problem der vielen durchwachten Nächte. Oft wechseln sich Mutter und Vater die komplette Nacht am Kinderbett ab, weil das geliebte Baby über Stunden keinen Laut von sich geben will.

DIE PURE STILLE im nächtlichen Kinderzimmer kann sehr beängstigend wirken. Wie gerne würde man das Kind wenigstens für einige wenige Stunden schreien hören, um die gefürchtete Schlaf-Apnoe ausschließen zu können.

Früher mussten sich die Eltern selbst behelfen und das Baby regelmäßig wachrütteln oder mit kaltem Wasser bespritzen – ein sehr aufwendiges Verfahren und für die Eltern ein nicht hinzunehmender Verlust an Lebensqualität!

Dank unserem Sheng-Fui-Schnuller gehört diese Mühsal jetzt der Vergangenheit an. In Babys Mund wird gezielt das Element Feuer angeregt, Babys Bronchien werden durchlüftet und ein befreiendes Schreien erfüllt das Haus! Ein Schnuller reicht für 6–8 Stunden Schreien.

WEISHEITEN DES MEISTERS:

»Bei einem Bauvorhaben ist die Auswahl des richtigen Bauplatzes entscheidend. Dieser sollte, so möglich, von allen vier Himmelsrichtungen umgeben sein.«

 Das Erste, was uns einfällt, sollte stets das Letzte sein, an das wir uns erinnern.

Heilkraft der Edelsteine

EIDER WIRD IN unserer Gesellschaft oft belächelt, wer von der Heilkraft der Edelsteine spricht. Dabei sind die heilsamen Schwingungen der „edlen Steine" ein nicht mehr wegzudenkender Bestandteil jeglichen Therapieansatzes. Die Heilkraft der Edelsteine und ihre Wirkungen auf den menschlichen Körper und die Seele sind ausreichend wissenschaftlich dokumentiert.

So lösen Edelsteine Energieblockaden und sorgen dafür, dass die Lebensenergie (Chi) wieder ruhig und gleichmäßig fließen kann.

Die Forschung hat sich in den letzten Jahren vornehmlich auf die bekannten Steine wie Achat (Hirnhautentzündung, Epilepsie), Amethyst (offene Arme und Beine), Rosenquarz (Blutzirkulation der Lendenregion) und Rubin (Monatsbeschwerden) konzentriert. Wir wollen hier einige weniger bekannte Edelsteine und Halbedelsteine vorstellen und deren ganzheitliche Wirkung auf Physis und Psyche erklären.

?

WUSSTEN SIE SCHON, dass Meditieren immer noch besser ist, als rumzusitzen und nichts zu tun?

 Erzähle mir von der Vergangenheit, und ich werde dir sagen, was vorgefallen ist.

VER-
BRAUCHER-
TIPP

Münzen und Einkaufswagen

Wer kennt die Situation nicht? Man steht im Supermarkt und sucht nach einer passenden Münze für den Einkaufswagen. Viele zücken jetzt einen Plastikchip oder eine andere passende, aber falsche Münze, die sie für diese Zwecke gesondert mit sich führen.

ES IST NICHT GUT, falsche Chips statt echter Münzen in Einkaufswagen zu stecken. Die falschen Pfandmünzen geben vor, echtes Geld zu sein. Der Einkaufswagen erkennt nur nicht, dass es sich um eine Fälschung handelt, weil sein Münzprüfer zu materialistisch ist und ein schwaches Chi hat.

Täuschung und Ausnutzen von Schwäche bedeuten schlechte Energie.

Ein Einkauf ist aus Sheng-Fui-Sicht gut verlaufen, wenn es gelungen ist, einem Mitmenschen den Wagen inklusive der echten Geldmünze zur weiteren Nutzung zu verkaufen. Dann haben erfolgreiche Kommunikation und Austausch stattgefunden, für die Ehrlichkeit und Vertrauen notwendig sind.

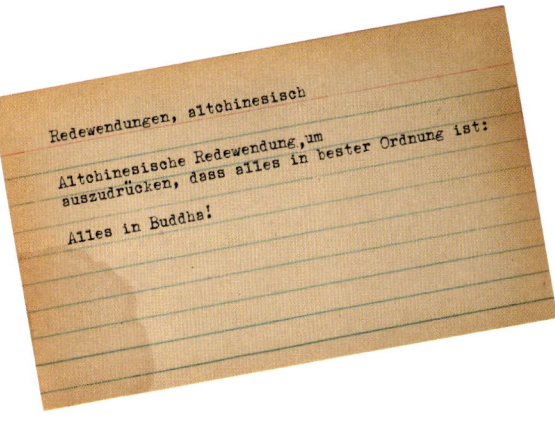

Redewendungen, altchinesisch

Altchinesische Redewendung, um auszudrücken, dass alles in bester Ordnung ist:

Alles in Buddha!

 Bist du in Eile, mache einen Umweg. Hast du genug Zeit, benutze eine Abkürzung.

Heilkraft der Edelsteine:
Der Bimsstein

Den Anfang unserer kleinen Serie macht der Bimsstein.
Dieser bereits im Alten Testament erwähnte Halbedelstein
wird vornehmlich bei Lernblockaden, Merkschwierigkeiten
und Konzentrationsschwäche eingesetzt.

BEIM AUFTRITT DERARTIGER Beschwerden sollte der Bimsstein so lange an die Schläfe geschlagen werden, bis sich die Symptomatik signifikant verbessert. Bereits Hildegard von Bingen hat sich die Erkenntnisse der Sheng-Fui-Medizin zu Nutze gemacht. Über die Kreuzritter war ihr eine chinesische Schriftrolle zugeleitet worden, welche die Heilkraft des Bimssteins in

großer Ausführlichkeit beschrieb. Um 1150 n. Chr. berichtete Hildegard von Bingen in Zusammenhang mit ihren medizinischen Forschungen erstmals von eigenen Lernblockaden und wie sie diesen mit dem Bimsstein beigekommen sei. Sie habe sich den schwierigen Stoff während einer Klausur im Kloster Disibodenberg regelrecht „eingebimst".

**WEISHEITEN
DES MEISTERS:**

»Bei Schlafplatz-
untersuchungen nicht
das Büro vergessen!«

 Die Geduld nicht zu verlieren, auch wenn man ungeduldig ist: Das ist Geduld!

10 Dinge, die man unbedingt getan haben sollte, wenn man nur noch einen Tag zu leben hat:

1. Müll rausbringen
2. Zehennägel schneiden
3. Blumenwasser erneuern
4. Endlich mal feucht wischen
5. Geschirrspülmaschine einräumen
6. Hornhaut an den Füßen entfernen
7. Pollenfilter vom Staubsauger wechseln
8. Quittungen für Steuererklärung suchen
9. Fenster putzen (Rahmen nicht vergessen)
10. Tüchtige Hebamme buchen (Wiedergeburt)

Chigong-Übung: Die eisgekühlte Winterpflaume

Das Chigong des Sheng Fui basiert auf der klassischen chinesischen Weisheitsschule. Mit gezielten Körperübungen wird die allgemeine Fitness gefördert und das psychische und geistige Wachstum angeregt. Die Übungen folgen dem Zyklus der Jahreszeiten und sind demzufolge in Frühlings-, Sommer-, Herbst- und Winterübungen eingeteilt. Eine klassische Winterübung aus dem Chigong der Meister der Elementarschule stellt die dargestellte Winterpflaume dar. Die Winterpflaume zählt zu den „Freuden der kalten Jahreszeit" und dient der Steigerung des sexuellen Erlebens.

Das kleine Glück

»Wer unentwegt gibt, hat bald gar nichts mehr.«

Sheng-Fui-Delikatesse (nicht nur) für Kinder:
KOI-FISCHSTÄBCHEN

ES GIBT WOHL kaum ein Kind, das keine Fischstäbchen mag. Doch Vorsicht: Die meisten Fischstäbchen werden aus minderwertigem Beifang oder Fischabfällen hergestellt!
Ganz anders ist dies bei unseren „Capt'n Sheng Fuis Fischstäbchen", die aus hochwertigen und praktisch grätenfreien Filets echter Kois gewonnen werden.

WEISHEITEN DES MEISTERS:

»Fischeintopf süßsauer und gerösteter Plattfisch schmecken noch einmal so gut, wenn man sie statt mit den herkömmlichen Ess-Stäbchen mit Fischstäbchen verzehrt.«

Die knusprige Panade besteht aus dem Mehl der seltenen Taipeikartoffel. Für das gewisse Etwas in Sachen Geschmack sorgt das Bürzeldrüsenaroma der chinesischen Palastente. Hmmm, lecker!
In der Tiefkühlpackung sind 15 der leckeren Koi-Fischstäbchen zum Einführungspreis von unter € 230 enthalten. Wer sich auch nur ein bisschen auskennt, weiß, dass dies ein Spottpreis ist, und wird gleich mehrere Packungen ordern. Deshalb: Abgabe nur in haushaltsüblichen Mengen, das heißt, Höchstabgabe je Haushalt sind fünf Packungen!

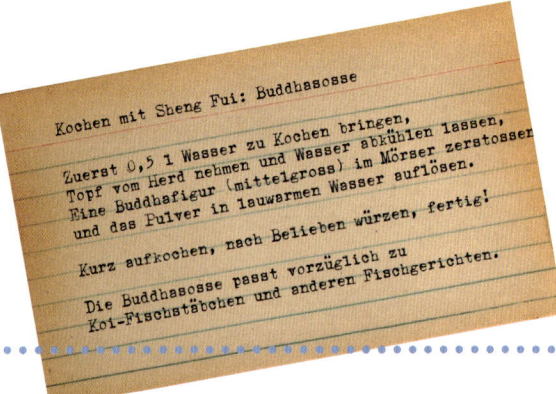

Kochen mit Sheng Fui: Buddhasosse

Zuerst 0,5 l Wasser zu Kochen bringen, Topf vom Herd nehmen und Wasser abkühlen lassen, Eine Buddhafigur (mittelgross) im Mörser zerstossen und das Pulver in lauwarmen Wasser auflösen.

Kurz aufkochen, nach Belieben würzen, fertig!

Die Buddhasosse passt vorzüglich zu Koi-Fischstäbchen und anderen Fischgerichten.

 Glück ist das Einzige, was in tausend Stücke zerfällt, wenn man es teilt.

Die Wunschschnecke

In unserem Leben spielen Wünsche eine große Rolle. Damit sind jedoch nicht die egoistischen Wünsche nach Wohlstand, Genuss und Trieberfüllung gemeint, sondern echte, von Herzen kommende Wünsche für andere.

DIE TOCHTER SCHREIBT eine schwere Mathearbeit – man wünscht ihr viel Glück. Der Kollege geht auf eine lange Reise – man wünscht ihm eine gute Fahrt. Die Ehefrau muss beim Aufräumen des Dachbodens niesen – man wünscht ihr Gesundheit. Die betagte Nachbarin schleppt ganz allein einen schweren Schrank die Treppe hoch – man wünscht ihr Hals- und Beinbruch.

Positive Wünsche für andere können durch den Bau einer Wunschschnecke verstärkt werden. Dazu sammelt man Flusskiesel verschiedener Größen und schichtet diese wie in der Abbildung auf.

Hält die Wunschschnecke das Gleichgewicht, werden alle guten Wünsche für andere energetisch aufgeladen und das Erfüllungspotenzial deutlich gesteigert. Die Folge: Alles geht sofort und ohne Umwege in Erfüllung!

 Was du für den Gipfel hältst, ist nur ein Maulwurfshügel auf des Kaisers blühender Wiese.

Nie wieder
verlorengegangene Ess-Stäbchen

Liebhaber der Sechs-Elemente-Küche des Sheng Fui nehmen ihre Mahlzeiten mit den traditionellen chinesischen Ess-Stäbchen zu sich.

LEIDER TRENNEN SICH die Wege der kunstvoll verzierten, paarweise vorhandenen Stäbchen oft auf unerklärliche Weise, und in der Küchenschublade häufen sich die vorzeitig vereinsamten „Einzelstäbchen".

Doch Vorsicht: Stäbchen verschiedener Paare miteinander zu kombinieren ist aus energetischer Sicht höchst unvorteilhaft; vom ästhetisch nachteiligen Aspekt ganz zu schweigen. Auf der letzten Sheng-Fui-Messe haben wir nun etwas wirklich Nützliches entdeckt: die Ess-Stäbchen-Sicherungskette. Die Idee ist so einfach wie praktikabel: Über eine rostfreie Kette sind beide Stäbchen miteinander verbunden. Nie wieder Suchen nach verbummelten oder verlorengegangenen Einzelstäbchen! Warum hat es das nicht schon viel früher gegeben?

Niedertracht und Hochachtung sind zwei Töchter ein und desselben Mannes.

Heilkraft der Edelsteine (2): Der Glasbaustein

DIESER BEITRAG IST einem Stein gewidmet, der erst in den 70er-Jahren des letzten Jahrhunderts in den Fokus der esoterischen Wissenschaften geraten ist: dem Glasbaustein. Wegen der Befreiung von übertriebenen Anforderungen an Moral und eheliche Treue litten damals viele Menschen unter einem krankhaft übersteigerten Sexualtrieb. Oder um es deutlicher auszudrücken: Man war „scharf". Nun ist der Glasbaustein von alters her dafür bekannt, scharfe Dinge unscharf werden zu lassen. Er gilt deshalb als das älteste bekannte Anaphrodisiakum in der Naturmedizin. Im Mörser zerstoßen und in Wasser aufgelöst kann der Glasbaustein bei Frauen die hormonelle Substitutionstherapie bei klimakterischen Beschwerden sinnvoll ergänzen oder ganz ersetzen. Beim Mann wird der Glasbaustein nicht nur zur sexuellen Triebdämpfung, sondern auch zur Bekämpfung von aus den Augenhöhlen heraustretenden Augäpfeln eingesetzt, die durch visuelle Stimulation bei einer Störung der Sexualpräferenz nach ICD-10 (Voyeurismus) hervorgerufen werden.

Trinkgelder stets auf 48 Cent aufrunden

DIE „4" (CHIN. 四, SÊ) klingt im Chinesischen ähnlich wie „Sterben" und „Tod" (chin. 死,, si). „8" (chin. 八, bä) ist durch eine Lautähnlichkeit (zu chin. 发, fä) die Glückszahl. Beides zusammengenommen bedeutet „glückliches Sterben nach einem erfüllten Leben". Runden Sie Trinkgelder immer auf 48-Cent-Beträge auf und sorgen Sie so für einen glücklichen Tod nach einem ausgefüllten Leben! Diese Weisheit gilt übrigens sowohl für den Trinkgeldgeber als auch für den Empfänger. Praktisches Beispiel: Sie haben beim Italiener Pizza gegessen und haben eine Rechnung von € 27,55 zu bezahlen. Jetzt sollten Sie dem Kellner € 28,48, € 29,48 oder – wenn Sie sehr zufrieden waren – € 30,48 geben.

 Manchmal ist es später, als man gedacht hat – aber früher, als man erwartet hatte.

Frühstück nach der Sechs-Elemente-Lehre

Schon beim morgendlichen Frühstück können Sie feststellen, welcher Sheng-Fui-Typ Sie sind.

TOASTEN SIE IHR Brot, wie Sie es immer tun, und vergleichen Sie den Röstungsgrad mit unserer Bildtafel. Falls ein Element bzw. Charakterzug bei Ihnen unterrepräsentiert ist, können Sie nun direkt beim Frühstück mit dem Toaster darauf Einfluss nehmen.

Geschichtlicher Hintergrund: Der griechische Philosoph Empedokles (494 bis 434 vor Chr.) gilt als der Begründer der Vier-Elemente-Lehre von Feuer, Erde, Luft und Wasser.

Leider verbirgt sich hinter dem oft gelobten und viel zitierten Philosophen ein Plagiatsskandal erheblichen Ausmaßes. Der Hellene hat sich seinerzeit hemmungslos bei der „Sechs-Elemente-Lehre" des Sheng-Fui-Meisters Tse-Tang des Älteren bedient. Diese stellte die Elemente Wasser, Holz, Metall, Stein, Erde und Feuer in einem komplexen System zusammen.

Das „Feng Shui"-Lager hat wiederum willkürlich das Element Stein entfernt und spricht frech von der „Fünf-Elemente-Lehre". Nicht nur Chemiker können sich leicht vorstellen, was passiert, wenn man ein derart wichtiges Element einfach weglässt ...

 Auf einen Vorschlag folgt meist ein Rückschlag.

DIE ZUCKERWÜRFELPYRAMIDE

WAS WÄRE EIN Morgen ohne eine Tasse Kaffee mit Milch und Zucker? So denken Millionen von Deutschen, ohne sich der möglichen Konsequenzen bewusst zu sein. Gedankenlos wandern die Zuckerwürfel unreflektiert in das beliebte Heißgetränk. Magenschmerzen, Sodbrennen und Schwindel sind nur zu oft die Folge. Was also tun? Ganz einfach: Zuckerwürfel sollten vor dem Verzehr mindestens 12 Stunden in Pyramidenform gelagert werden!

Die Pyramide ist eine der ältesten kultischen Figuren und seit Tausenden von Jahren in den verschiedensten Kulturen quer über den ganzen Erdball zu Hause. Bekanntlich verfügt jede Pyramide über magische Kräfte (PP – Pyramidenpower).

Stapelt man nun Zuckerwürfel zu einer Pyramide, gehen durch die besondere Chakrenstruktur des Zuckers diese Kräfte in den obersten Würfel über. Im Körper des Kaffeetrinkers verbessern diese Kräfte die Bekömmlichkeit und steigern das Wohlbefinden.

TIPP: Wer mehr als ein Stück Zucker in seinem Morgenkaffee benötigt, sollte am Abend zuvor am besten mehrere Zuckerpyramiden aufstellen. So hat man stets genug von den mit den Pyramidenkräften aufgeladenen Zuckerstücken parat.

Umfrage: Wie nehmen Sie Ihr Essen zu sich?

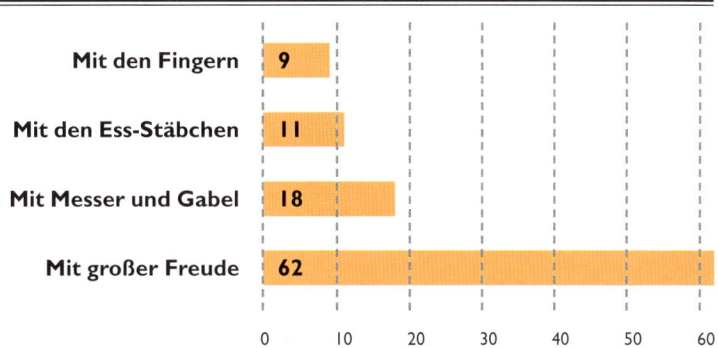

	Anzahl
Mit den Fingern	9
Mit den Ess-Stäbchen	11
Mit Messer und Gabel	18
Mit großer Freude	62

Wem nichts zu schwer ist, dem fällt alles leichter.

DAS ORAKEL DER TEETASSE

Das Orakel der Teetasse ist eine der ältesten Offenbarungen der Menschheitsgeschichte und selbst bei den „Feng Shui"-Anhängern eine unumstrittene Methode der Zukunftsvorhersage.

IM BUDDHISMUS BEDIENTE man sich in der Vergangenheit vor wichtigen Entscheidungen ausgesuchter Mönche als Medium. Da die Trancezustände bei den Orakelsprüchen jedoch überaus energieraubend waren, starben die meisten dieser – bei Hofe und im Volk hoch angesehenen – Medien bereits im Heranwachsendenalter. Erst um die Jahrtausendwende (980 n. Chr.) erkannte der Klostervorsteher von Chi-Gong das Orakel der Teetasse, was die Lebenserwartung der medialen Mönche schlagartig vervielfachte, weil sie sich nun bis ins hohe Alter ihrer eigentlichen Aufgabe widmen konnten: ihrem spirituellen Wohlergehen.

Mittlerweile ist das Orakel der Teetasse weithin anerkannt und wird auch bei weltpolitisch wichtigen Fragen herangezogen. So konsultiert die nepalesische Regierung mit ihrem Oberhaupt, dem Ever Est, bei wichtigen Entscheidungen über die Energiepolitik des kleinen Bergstaats stets das Orakel der Teetasse.

Und auch der chinesischen Parteiführung sagt man nach, dass sie vor Parteitagen das Orakel befragt. Bei besonders sinnlosen oder fragwürdigen Entscheidungen spottet der Volksmund dann mit dem in China geflügelten Wort für Behördenwillkür 草官铁路 成渝铁路 (sinngemäß: Die hatten wieder mal einen im Tee).

Zur praktischen Anwendung des Orakels der Teetasse: Brühen Sie eine Kanne Jasmintee auf und füllen Sie eine Tasse mit dem noch dampfenden Getränk. Nun wird die Teetasse mit verbundenen Augen auf einem chinesischen Bambusuntersetzer platziert. Nehmen Sie nun die Augenbinde ab und wischen Sie eventuell verschütteten Tee weg bzw. verteilen Sie etwas Brandsalbe.

Der Standort der Teetasse gibt den Orakelspruch wieder. Mit Hilfe der Illustration können Sie das Orakel schnell entschlüsseln. Im obigen Bildbeispiel sagt das Orakel der Teetasse: „Palast der Sehnsucht".

Raucherecke	Der Geliebte der Kaiserin	Himmlisches Schicksal	Das Seeungeheuer von Mao-Tai	Reichtumsecke
Der Fluss ohne Wasser	Neun Drachen	Der begehbare Wandschrank	Feuer des Herzens	Palastabort
Die einäugige Palastwache	Palast der Sehnsucht	Regenbogen der Nacht	Fußabstreifer Buddhas	Nachtigall der Verlockung
Beschützer der Einfältigen	Das verdorbene Eiergericht	Königsmörder	Grollender Vulkan	Nebel des Vergessens
Schmollecke	Pfirsichblüte der Vergebung	Phantom des Teehauses	Der kühne Kranich	Beziehungsecke

Vom Gipfel der Unverschämtheit lässt sich vortrefflich auf andere herabschauen.

Über das richtige Teetrinken

Ob schwarz, grün oder aus Früchten – neben dem Kaffee zählt der Tee auch in unserer Kultur zu den beliebtesten Getränken. Im südlichen China kannte man bereits im siebten Jahrhundert vor Christus das Zeichen für Tee.

LEIDER IST UNS über diese lange Zeit einiges an Wissen und Erfahrung über das richtige Teetrinken abhandengekommen. Auch wenn vielen der Begriff „Teezeremonie" noch bekannt sein mag – die wichtigste Sheng-Fui-Regel im Umgang mit dem edlen Aufgussgetränk ist leider untergegangen: **Rühre den Tee stets gegen den Lauf der Sonnenuhr.**
Für unseren Kulturkreis heißt dies, den Tee stets gegen den Uhrzeigersinn umzurühren.

Bei der Fermentation der Teeblätter entsteht (ähnlich wie beim linksdrehenden Joghurt) eine richtungsgesteuerte Bioreaktion nach rechts, die nur durch Rühren nach links neutralisiert werden kann. Nach dieser Neutralisation ist der Tee bekömmlich und bildet keine schädlichen Fermentschlacken.
Wichtig: Wenn man versehentlich mit dem Uhrzeigersinn gerührt hat, sollte man den Tee sofort wegschütten. Eine Umpolung des Tees ist nicht mehr möglich!

 Legt dir das Leben Steine in den Weg, schmeiße sie deinen Feinden an den Kopf.

Die Pizza und das Trigramm des Todes

In der altchinesischen Originalausgabe des I-Ging (Buch der Wandlungen) finden sich die sogenannten neun Trigramme: Wasser, Berg, Donner, Wind, Feuer, Erde, Sumpf, Himmel und Tod.

DIE TRIGRAMME BESTEHEN aus drei entweder durchgezogenen (Yang) oder durchbrochenen (Yin) Linien, die auf unzählige Weise miteinander kombiniert werden können und oft in Form eines Kreises dargestellt werden. Die symbolhaften Orakelzeichen werden seit Jahrhunderten zur Weissagung benutzt und sind im Buch der Wandlungen eingehend beschrieben.

Besonders kritisch zu sehen ist das neunte Trigramm: das mächtige „Trigramm des Todes", dem finstere Kräfte nachgesagt werden. In vielen Kulturen wird der neunte Teil einer Sache traditionell als krankheitsfördernd oder gar todbringend angesehen.

So wird in Italien eine Pizza unter keinen Umständen in neun Stücke geschnitten bzw. einem Gast dieses neunte Stück angeboten. Man kann dies sehr gut im Hollywood-Streifen *Der Pate II* beobachten, in dem das Mafia-Oberhaupt Vito Corleone dem korrupten Polizeioffizier McClusky das neunte Pizzastück zuschiebt, worauf dieser erbleicht und die Kamera direkt zu dessen Beerdigungsfeier überblendet. Auch in der moderneren Mafia-Serie *Die Sopranos* werden derartige Todesurteile durch das Hinüberschieben des neunten Pizzastücks visualisiert.

Bei dem für Außenstehende mystisch wirkenden Zeremoniell handelt es sich also keineswegs um einen Aberglauben. Dem Trigramm des Todes kommt vielmehr eine tiefe spirituelle Bedeutung zu. Denken Sie daran, wenn Sie das nächste Mal beim Italiener sitzen, und zerschneiden Sie die Pizza immer selbst!

Wer stets fragt, wird nur Antworten hören.

Heilkraft der Edelsteine:
Der Pflasterstein

Ein Halbedelstein, dessen positiver Einfluss auf das Miteinander der Menschen immer noch unterschätzt wird, ist der Pflasterstein.

SEIT JEHER werden mit Pflastersteinen Wege gebaut, die uns Menschen miteinander verbinden – Wege zur Verständigung, Wege zu Glück und Frieden. Pflastersteine helfen, uns auf geraden oder verschlungenen Pfaden zueinanderzubringen. (Das Motiv der Nächstenliebe steckt auch im Namen: Bei einem „Pflaster" handelt es sich bekanntlich um einen Wundschnellverband zum Versorgen und Heilen von Verletzungen.)

Jemandem einen Pflasterstein zu überreichen heißt also, symbolisch den Weg für ein harmonisches Miteinander zu bereiten. So werden bei Demonstrationen oft Pflastersteine an die Polizeimitarbeiter verteilt, um die friedlichen Motive der Protestierenden zu unterstreichen. Da Polizisten als Vertreter des Staates nichts annehmen dürfen – schon gar keine Halbedelsteine –, hat sich die Tradition entwickelt, den uniformierten Beamten

die Pflastersteine aus einer größeren Entfernung und quasi anonym zuzuwerfen. Esoterisch geschulte Spezialkräfte auf Seiten der Polizei berühren die Steinüberreicher im Gegenzug mit ihren Gummi-Ruten und stellen mit dieser Energieübertragung das energetische Gleichgewicht her.

 Auch in der Nacht ist der Rabe schwarz.

Ernährung in der
Schwangerschaft

Immer wieder erreichen uns Fragen zur Ernährung in der Schwangerschaft. Gerne greifen wir dieses beliebte Thema auf. Zuerst die gute Nachricht: Spezielle Ernährungsumstellungen oder gar eine spezifische Diät sind nicht vonnöten.

WEISHEITEN DES MEISTERS:

»Wer sich auf die Zehn stellt, kann oft die Elf sehen.«

DIE WERDENDE MUTTER sollte nur die Aufnahme von tierischem Eiweiß (Fisch, Fleisch, Ei, Milchprodukte), Getreide (Brot, Müsli) sowie sämtliche Gemüsesorten meiden.

Stattdessen bietet sich das breite Potpourri heimischer und exotischer Obstarten an. Zur Bestimmung des Speiseplans nimmt die Schwangere exakt sieben Früchte verschiedener Art und Provenienz in die Hand und jongliert diese ruhig und gleichmäßig durch die Luft (auf eine schonende Rückenhaltung achten!).

Dabei laden sich die Früchte energetisch auf und werden schwerer. Das Obststück, das bei der Jonglage zuerst zu Boden fällt, ist das energetisch wertvollste und sollte sofort verzehrt werden. Als praktisch hat es sich erwiesen, über einer Obstschale zu jonglieren. Die betreffende Frucht wird dann direkt in diese Schale fallen. Die anderen Früchte haben ihr Chi hingegen abgebaut und sollten umgehend entsorgt werden (Biotonne).

Es dauert so lange, wie es braucht, und es braucht so lange, wie es dauert.

Gluten-Intoleranz und Zöliakie an der Wurzel packen

EXTRA TIPP

Immer mehr Menschen in Deutschland leiden unter der sogenannten Gluten-Intoleranz. Die Glutenunverträglichkeit wird von Medizinern auch als Zöliakie, glutensensitive oder gluteninduzierte Enteropathie oder intestinaler Infantilismus bezeichnet.

DABEI HANDELT ES sich um eine chronische Erkrankung der Dünndarmschleimhaut, die überempfindlich auf das in vielen Weizensorten vorkommende Klebereiweiß Gluten reagiert.

Wenn an Zöliakie erkrankte Personen glutenhaltige Nahrungsmittel aufnehmen, kommt es zu einer Entzündung der Dünndarmschleimhaut mit weitreichenden Folgen. Symptome sind Übellaunigkeit, Reizbarkeit und Gewaltexzesse sowie (im Kindesalter) der vollständige Verlust der sozialen Kompetenz.

Um die unerfreuliche Symptomatik schon im Keim zu ersticken, muss die Aufnahme des Glutens vermieden werden. Mittlerweile bieten einige wenige Bäckereien auch glutenfreies Brot und andere glutenfreie Backwaren an – leider mit satten Aufschlägen und zu wahren Wucherpreisen.

Dabei ist es mehr als einfach, das schädliche Gluten zu bekämpfen. Dazu wird ein glutenbehaftetes mit zwei glutenfreien Broten zu einer Pyramide zusammengebunden und zu den Klängen einer Klangschale (vorher aufnehmen und in Endlosschleife abspielen) bei abnehmendem Mond über Nacht an einem dunklen Ort belassen.

Die Gluten-Antikörper der glutenfreien Brote wandern nun zu dem glutenbefallenen Brot hinüber und bekämpfen dort das gefährliche Gluten. Bereits nach einer Nacht ist das vormals glutenbehaftete Brot vollständig glutenfrei. Probieren Sie die Methode noch heute aus. Die Bäcker machen es nicht anders, sie geben es nur nicht zu. Wichtig: Die beiden ehemals glutenfreien Brote nach der Prozedur entsorgen! Sie sind keinesfalls mehr zum Verzehr geeignet.

 Die Kunst der Auswahl des richtigen Zeitpunkts besteht in der Wahl des passenden Moments.

Sheng-Fui-Energydrink

IN LETZTER ZEIT fallen immer mehr Menschen auf die sogenannten Energydrinks herein, die ihnen eine leistungssteigernde Wirkung bei vollem Genuss versprechen.

Nach Studium der Inhaltsstoffe ist einiges klar: Die belebende Wirkung kommt vom Koffein, der Geschmack vom Zucker.

Ärzte sind sich deshalb einig: Energydrinks sind der Gesundheit abträglich! Trotzdem werden dank des geschick-ten Marketings weltweit mehr als 50 Millionen Hektoliter der süßen Brühe jährlich verkauft.

Dabei kann sich jeder leicht seinen Energydrink frisch zubereiten. Dazu werden acht Tennisbälle, die mindestens eine Stunde lang bespielt wurden (nur dann haben sie ausreichend Energie gespeichert), ausgepresst und der Saft durch ein feines Sieb gegossen. Die Menge entspricht einem großen Saftglas. Wohl bekomm's!

Warnhinweis

IMMER WIEDER TAUCHT in der Laienpresse die Empfehlung auf, Energydrinks aus gepressten Badmintonbällen herzustellen. Angeblich hätten die Badmintonbälle mehr Beschleunigungsenergie gespeichert als Tennisbälle, weswegen ihr Saft ein wahres Aufputschmittel sei. Aus gegebenem Anlass möchten wir darauf hinweisen, dass lediglich Energydrinks aus ausgepressten Tennisbällen der Gesundheit zuträglich sind. Wegen der nach wie vor grassierenden Vogelgrippe in Asien ist der Saft von Badmintonbällen ein nicht zu kalkulierendes Gesundheitsrisiko, dem sich keiner aussetzen sollte.

Wohlstandsmünzen
zum Steigern der Reichtumsenergie

Seit Jahrhunderten werden im Sheng Fui besonders geweihte Wohlstandsmünzen verwendet, um gezielt die Wohlstandsenergie zu steigern.

DAZU WERDEN DIE Münzen in einer speziellen Zeremonie großflächig im Wohlstandsbereich der Wohnung verteilt oder in der Reichtumsecke des Hauses platziert.

Eltern kleiner Kinder oder Besitzer von Haustieren, die bei herumliegenden Münzen Bedenken hätten, können die Wohlstandsmünzen auch in einer speziellen Schale präsentieren. Keinesfalls sollten Sie hierfür jedoch eine Klangschale verwenden, da dies den fein abgestimmten Schwingungsbereich der Schalen verfälscht.

Für eine stets prall gefüllte Haushaltskasse können Sie sorgen, wenn Sie einige unserer Wohlstandsmünzen in der Geldbörse mit sich führen. Gewerbetreibende, Einzelhändler und Marktbeschicker sollten einige der Reichtum verheißenden Wohlstandsmünzen in räumlicher Nähe zur (nicht jedoch in der) Kasse platzieren.

Wenn Sie erreichen möchten, dass Besucher Ihnen Geld ins Haus tragen, verteilen Sie einige Wohlstandsmünzen auf der Fußmatte vor der Haustür. Wenn dies nicht zum gewünschten Erfolg führt, sollten Sie sich nach einem anderen Freundes- und Bekanntenkreis umschauen bzw. das Wohnviertel wechseln. Unser Angebot: eine Sheng-Fui-Wohlstandsmünze für nur noch € 9,90, sechs Sheng-Fui-Wohlstandsmünzen für nur noch € 49,90! Nur solange der Vorrat reicht!

 Nichts ist süßer als ein Erfolg, der vom Misserfolg eines Freundes begleitet wird.

Wohnen

INHALT

Sheng-Fui-Wohnberatung:
Der Schreibtisch

✳ **Sitzen Sie niemals mit dem Rücken zum Schreibtisch! Dies ist energetisch wenig nutzbringend und hat sich im Arbeitsalltag zudem als unpraktisch erwiesen.**

✳ **Beim Bestimmen der Maße der Arbeitsplatte sollten Sie darauf achten, dass diese keineswegs zu klein, aber auch nicht zu groß ist.**

✳ **Über den Tisch laufende Kabel (Computertastatur, Maus) sollten Sie mit einem Knoten versehen, um den Abfluss des Chis zu verlangsamen. Achtung: Gilt auch für Wireless-Modelle !**

✳ **Richten Sie die Blickachse so aus, dass Sie jederzeit sowohl die Tür und die Fenster als auch die umgebenden Wände im Blick haben.**

HÜTEN SIE SICH davor, den Papierkorb oder einen Behälter für Abfälle *unter* den Schreibtisch zu stellen. Dies würde zu einer Anhäufung negativer Energien führen, die durch die begrenzende Schreibtischplatte „gedeckelt" sind und auf den Arbeitenden überspringen. Stellen Sie den Papierkorb besser *auf* den Schreibtisch. Dann können die Schadenergien („Bad Chi") ungehindert entweichen.

YOGA IM BÜRO

Hunderttausende von Büroangestellten klagen abends über unangenehme Verspannungen der Muskulatur sowie Kopf- und Gliederschmerzen.
Die Beugehaltung vor dem Computer und/oder dem unmittelbaren Vorgesetzten und der dadurch entstehende Rundrücken führen zu einer Verkürzung der Bauchmuskeln, zur Behinderung der Atmung und zur Beeinträchtigung des Stoffwechsels.

In loser Folge wollen wir deshalb einige wirksame Übungen vorstellen, die Sie ohne weitere Vorbereitungen in der Mittagspause oder auch während der Arbeitszeit mit gewöhnlichen Arbeitsgeräten durchführen können. Oft reicht schon ein Laptop wie in unserer ersten Übung (s. S. 39).
Sheng-Fui-Yoga zeichnet sich durch seine leichte Erlernbarkeit und den geringen Einsatz von Hilfsmitteln aus.

 Einen Erleuchteten kann man am besten im Dunkeln erkennen.

Meditationsstuhl Swami 2.0

Von einer unserer Klangschaleneinkaufstouren, die uns durch weite Teile Asiens führte, haben wir ein tolles Produkt mitgebracht, an dem wir uns die Vertriebsrechte für Deutschland sichern konnten: den Meditationsstuhl Swami 2.0!

DIESES EINZIGARTIGE, TRAGBARE Sakralmöbel wird im tibetischen Hochland aus dem unbehandelten Holz des Bodhibaums (Pappelfeige oder auch Ficus religiosa) gefertigt. Alle Teile des Swami 2.0 werden individuell und in aufwendiger Handarbeit produziert: Rund 40 Arbeitsstunden benötigt ein Experte, um ein derartiges Meisterstück herzustellen. Der in jeder Hinsicht einmalige Swami 2.0 bringt Sie dank seiner ergonomischen Form sanft in die richtige Körperhaltung und ermöglicht ein ermüdungsfreies Sitzen mit geradem Rücken und gekreuzten Beinen. In das exklusive Stuhlkonzept sind die Ergebnisse umfangreicher Studien und die praktischen Erfahrungen von Meditationsanfängern und -fortgeschrittenen (darunter einige Großmeister) eingeflossen. Aufgrund der Kompaktbauweise lässt sich das edle Möbelstück einfach auseinandernehmen und dank der mitgelieferten Tragetasche bequem transportieren. Starten Sie morgens entspannt in den Tag, genießen Sie das Hier und Jetzt und beenden Sie den Tag mit einer erholsamen Abendmeditation. Mit dem Swami 2.0 besitzen Sie den Schlüssel zur optimalen Entspannung!

❋ Inkl. Tragetasche aus 100 % Baumwolle
❋ Höhe 60 cm, Breite 32 cm, Tiefe 38 cm
❋ Subskriptionspreis bis 15.7.2012: € 399,–, danach € 449,–

 Wer in sich geht, muss nicht automatisch zu sich kommen.

Zeit und Platz sparen dank des 2-Geschirrspülmaschinen-Prinzips

„Das bisschen Haushalt macht sich von allein, sagt mein Mann", sang Johanna von Koczian bereits im Jahr 1977 und nahm damit ironisch die Anspruchshaltung der damaligen Männer aufs Korn.

DAMALS MUSSTEN VIELE Hausfrauen schließlich noch auf heute selbstverständliche Annehmlichkeiten wie z. B. die Wasch- und die Geschirrspülmaschine verzichten. Die Technisierung der Küchen von heute bringt jedoch nicht nur Vorteile. So bekommen viele Haushalte wegen der vielen unterschiedlichen Maschinen und Gerätschaften ernsthafte Platzprobleme. Neben der Geschirrspülmaschine werden z. B. noch Aufbewahrungsorte für Besteck und Geschirr benötigt, die sich oft auf mehrere Oberschränke, Schubladen und schlecht zugängliche Regalflächen erstrecken.

Viel praktischer und energetisch sinnvoller ist die Arbeit nach dem 2-Geschirrspülmaschinen-Prinzip. Dabei dient die Yin-Geschirrspülmaschine der Beherbergung des sauberen Geschirrs, während die benachbarte Yang-Geschirrspülmaschine das dreckige Geschirr aufnimmt.

Ist der Befüllungszustand der Yang-Maschine zu mindestens 85 Prozent erreicht, wird diese eingeschaltet und wandelt sich nach Ablauf des Spülvorgangs zur Yin-Maschine mit sauberem Geschirr. Nun dient die ehemalige Yin-Geschirrspülmaschine der Aufnahme dreckigen Geschirrs und ein energetischer Fließkreislauf ist geschaffen.

Neben der energetischen Nutzanwendung ist das 2-Geschirrspülmaschinen-Prinzip auch äußerst nützlich, kann doch weitgehend auf den bisherigen Stauraum für Geschirr verzichtet bzw. existenter Raum umgewidmet werden und fortan z. B. der Aufnahme von Sheng-Fui-Kochbüchern dienen.

WUSSTEN SIE SCHON, dass die Kunst des Wahrsagens ihre große Zeit noch vor sich hat?

 Wer auf den Grund seiner Teetasse schauen will, darf keinen Kaffee trinken.

Das Geschlechtsleben der Dinge

EXTRA TIPP

友

Um das Geschlechtsleben der Dinge ranken sich von alters her Mythen und Legenden. Dass die Dinge einem Geschlecht zuzuordnen sind, ist dabei unter Wissenden unstrittig.

WIE SONST KÄME es, dass jedem Ding und jeder Sache in unserer Sprache ein männlicher oder ein weiblicher Artikel zukommt?
So heißt es: *der* Löffel und *die* Gabel, *der* Flaschenöffner und *die* Parmesanreibe oder *der* Korkenzieher und *die* Fleischgabel. Diese explizit männlichen oder weiblichen Artikelpronomen beweisen, dass unsere Vorväter und Vormütter noch um die Geschlechtlichkeit der Dinge wussten.
Das verschüttete Wissen um die Sexualität der Dinge lässt im gesamten Wohnbereich Reizlücken und Energielöcher entstehen. Ein typisches Beispiel ist die Küche, in der es oft zu Missstimmungen und Energieschwankungen kommt.
Der Grund: In den meisten Küchenschubladen herrscht ein geradezu babylonisches Durcheinander der verschiedenen Geschlechter. Da liegen die unterschiedlichsten Dinge Bauch an Bauch, Rücken an Rücken und Seit an Seit. So entsteht ein emotional aufgeladenes und energetisch überreiztes Klima, das sich in der Küche sehr ungünstig auswirkt und auf die Menschen überspringt.
Aus Sheng-Fui-Sicht ist deshalb zu empfehlen, die betreffenden Gegenstände in blickdichten Einzelverpackungen zu verschließen.

 Wer Mandarin beherrscht, wird auch an Clementin nicht scheitern.

Gestaltung des Schlafzimmers

NEBEN DER POSITIONIERUNG des Betts (vgl. S. 41) und dem Umgang mit Daunenbetten (vgl. S. 40) sind auch die Farbgestaltung und der Einsatz von Spiegeln von Bedeutung beim Einrichten des Schlafzimmers.

Bekanntlich steht die Farbe Rot für Ruhe, Entspannung und Stillstand. Ein Beispiel dafür ist der Straßenverkehr: Bei Rot pausiert der Verkehr und auf den Straßen breitet sich Ruhe aus.

Wer für eine wohltuende Nachtruhe sorgen will, der streiche bzw. tapeziere sein Schlafzimmer deshalb in kräftigen Rottönen.

Spiegel wiederum reflektieren unsere Energie und füllen die leeren „Energie-Akkus" über Nacht wieder auf. Damit es zur gewünschten Energiereflexion kommt, sollte über Nacht mindestens eine Lichtquelle eingeschaltet bleiben.

Möglichst jede Wand sollte über einen oder mehrere Spiegel verfügen! (Mit einem Kua-Würfel kann die exakte Anzahl der Spiegel pro Wand bestimmt werden.)

PS: Dem Einsender der abgebildeten Schlafsituation haben wir übrigens, trotz des gelungenen Grundansatzes, geraten, die Situation Sheng-Fuigerecht umzugestalten. So sollten ein großflächiger roter Teppich ausgelegt und an der Hauptwand und im Deckenbereich weitere Spiegel eingesetzt werden.

 Erst wenn das Unmögliche möglich wird, wird uns bewusst werden, dass dies unmöglich möglich sein kann.

Der schädliche Einfluss von Kissen

UNSERE AHNEN WUSSTEN noch: „Wie man sich bettet, so liegt man." Leider ist uns diese Erfahrung im Lauf der Zeit abhandengekommen, sodass wir uns der Bedeutung einer intakten Schlafhygiene nicht mehr bewusst sind. So wundern sich viele Menschen, die mit einem Kopfkissen schlafen, über ihren unruhigen Schlaf. Wie gerädert und nur unter Aufbietung ihrer letzten Kräfte schleppen sie sich in den Tag. Auch im Verlaufe des Tages können diese Menschen ihr Energiepotenzial nur lückenhaft entfalten. Auf den Gebrauch von Kissen sollte tunlichst verzichtet werden! Durch die erhöhte Kopfposition fließt das Sheng (Verstand, Weisheit) zum Fui (Liebe, Wollust) in der Körpermitte und führt dort zu einer regelrechten Energieüberkonzentration. Der Körper muss nun dieses Zuviel an Energie in der Körpermitte mühsam ausgleichen, was zu einem unruhigen Schlaf führt – nicht zuletzt für den Partner. Das Weglassen des Kissens führt meist zu einem raschen Verschwinden der Symptomatik.

YOGA IM BÜRO Teil 1

Der Kugelfisch

Diese Übung kann bequem beim morgendlichen Lesen der E-Mails ausgeführt werden.
Achten Sie darauf, dass die Krawatte nicht nach unten fällt, was ein „Ausbluten" der wertvollen Chi-Energie zur Folge hätte. Achten Sie weiterhin darauf, dass Hände und Füße in dieselbe Richtung zeigen. Dies sorgt für den richtungsgesteuerten Energieabfluss und bewahrt vor komplizierten Gelenkoperationen. Der (mit Jojoba-Öl gereinigte und gut gepflegte) Bauchnabel zeigt zum Ort der Erleuchtung, der Deckenlampe.

 Im Wort „gemeinsam" stecken nicht ohne Grund die Wörter „gemein" und „einsam".

Besser schlafen
dank Sheng Fui

Das Faultier

Das freut den Arbeitgeber: Bei der vorliegenden Faultier-Figur kann der Publikumsverkehr aufrechterhalten werden. Behördenbesucher sollten dann lediglich darum gebeten werden, etwaige Unterlagen entsprechend zu drehen, damit eine adäquate Fallbearbeitung gewährleistet ist.
Tipp vom Profi: Oft wirkt das Ausführen dieser Übung auf eventuelle Betrachter stimulierend und ansteckend, sodass für derartige Fälle stets ein zweiter Stuhl bereitgehalten werden sollte.

AUS MEDIZINISCHEN GRÜNDEN sind wir auf die Nachtruhe angewiesen. Dem Schlafzimmer und dem Bett kommt daher, nicht nur aus Sheng-Fui-Sicht, eine besondere Bedeutung zu. Oft ist es die Bettdecke, die Probleme verursacht. Decken mit Daunen- oder anderen Federfüllungen enthalten negative Energien des getöteten Tieres. Diese Energien können auf den Schlafenden übertreten. Ein unruhiger Schlaf, unterbrochen von Wachphasen und Albträumen, ist die Folge! Daunen-Bettdecken sollten vor jedem Antritt zur Nachtruhe intensiv niedergetrampelt werden. Dies hält die negativen Energien auf einem Minimallevel. Noch besser ist es natürlich, auf Federdecken vollständig zu verzichten.

 Manchmal ist Schweigen der lauteste Schrei. Drum schweige nicht, wenn das Baby schläft.

Korrekte Schlafrichtung
mittels Sheng Fui bestimmen

Der Bestimmung der korrekten Schlafrichtung kommt bei jeder Sheng-Fui-Beratung eine zentrale Rolle zu.

MITHILFE DER THERMISCHEN Geopolygonie kann die Stellfläche der Schlafstatt präzise bestimmt werden. Man arrangiert dazu wie in der Abbildung mithilfe eines Streichholzes auf einer Flasche zwei Gabeln zu einem geothermischen Polygonalkreisel.

Nun versetzt man die Gabeln in eine Linksrotation und setzt dadurch den Kreisel in Gang. Nach einigen Umdrehungen wird der Kreisel zum Stillstand kommen. Das Streichholz zeigt jetzt die Achse an, auf der das Bett errichtet werden kann; das rote Köpfchen des Streichholzes zeigt dabei in die Schlafrichtung (Kopfposition).

WEISHEITEN DES MEISTERS:

»Der Zeitpunkt des Handelns kann jederzeit aufgeschoben werden.«

 Je stärker du den Fächer schwenkst, desto wärmer wird dir.

SCHLAFRICHTUNG NOCH WICHTIGER BEI GERINGEM EINKOMMEN

HEUTZUTAGE KÖNNEN VIELE Menschen aus finanziellen Gründen nicht in dem Maße für ihre Gesundheit sorgen, wie es eigentlich nötig wäre. So sind Sozialhilfeempfänger und Obdachlose bei der Auswahl von passendem Bettgestell, Lattenrost und Bettwäsche aus naheliegenden Gründen oft sehr eingeschränkt. Doch auch bei diesen scheinbar hoffnungslosen Fällen ist ein erholsamer Schönheitsschlaf möglich. Hartz-IV-Empfänger und Obdachlose, aufgepasst: Legen Sie sich auf der Parkbank so hin, dass die Füße zum nächstgelegenen Kreditinstitut (die sogenannte Reichtums-

ecke) zeigen. Dies ist von nun an Ihre ganz persönliche Schlafrichtung!

YOGA IM BÜRO Teil 3

Der Flughund

Diese Yoga-Empfehlung fürs Büro richtet sich vornehmlich an Frauen, die als Business-Outfit Kleider oder Röcke bevorzugen. Suchen Sie sich ein bequemes Sitzmöbel und schieben Sie dieses, so nötig, an eine Wand. Nehmen Sie nun die auf dem Bild dargestellte Yogahaltung ein. Dabei stützen Sie sich mit Händen und dem Kopf auf dem Sitzmöbel ab und atmen ruhig und entspannt im Ashravi-Rhythmus

(3-2-3). Das herabfallende Kleid verhilft Ihnen zu einer meditativen Abgeschiedenheit, die es Ihnen erlaubt, die Übung trotz weiterarbeitender Kollegen oder Publikumsverkehr durchzuführen. Wenn Sie das Kleid vorher mit unserem Sheng-Fui-Duftöl tränken, entsteht ein Zustand des rauschartigen Halbschlafes, aus dem Sie nach einer Stunde wie neugeboren und erholt erwachen.

 Dumme rennen, Einfältige laufen, Weise lassen sich in der Sänfte tragen.

Den Wänden die Kraft zurückgeben

In unseren Wohnhäusern und Mietwohnungen sind wir umgeben von Wänden – eine Tatsache, der sich kaum jemand aktiv bewusst ist.

ALLZU LEICHT GERÄT in Vergessenheit: Wände schützen uns vor äußeren Einflüssen, verleihen dem Haus Standfestigkeit und gewähren uns ein heimeliges Obdach. Kurzum: Sie liefern Tag ein, Tag aus (und sogar bei Nacht) wertvolle positive Energie.

Bei ständig abfließender Energie leert sich jedoch selbst bei dicken Altbauwänden irgendwann der Energiespeicher. Die Folge: Bilder fallen von den Nägeln, Risse entstehen und im schlimmsten Fall droht der Einsturz.

Mit einem gezielten beidseitigen Handauflegen kann jeder Wand erneute Energie zugeführt werden. Dazu stellt man sich mit ausgebreiteten Armen frontal vor die Wand, legt beide Hände auf und atmet tief aus. Diese Prozedur ist über einen Zeitraum von zwei Wochen dreimal täglich zu wiederholen. Danach kann man unbesorgt für weitere fünf Jahre bei stabilen Wohnverhältnissen in seinen vier Wänden leben.

Übrigens: Verspüren Sie an einer bestimmten Wandstelle einen verstärkten Harndrang, so haben Sie quasi nebenbei eine Wasserader aufgespürt. Glückwunsch!

WUSSTEN SIE SCHON, dass es die Milch der frommen Denkungsart auch in fettarm (1,5 %) und laktosefrei gibt?

 Der Mann, der den Berg abtrug, war derselbe, der ihn wieder aufschichtete.

EXTRA
TIPP

Sheng-Fui-Möbel:
mitnehmen, aufbauen, wohlfühlen

SHENG FUI

LEBST DU NOCH ODER STIRBST DU SCHON?

LÅRENZ

B711-BA

Stolz präsentieren wir Ihnen heute unseren neuen Geschäftsbereich: Sheng Fui – das mögliche Möbelhaus!

DEN ANFANG MACHT unser Bett Lårenz, eine Liegestatt der energetischen Extraklasse. Jedes Möbelstück, das unser Haus verlässt, wird zuvor von Spezialisten in einem eigens dafür geschaffenen und gegen Mikrostrahlung abgeschirmten Schlaflabor eingemessen. Kostenlos und nur kurze Zeit erhältlich: vier schicke Standfüße, die sich perfekt an den handgefertigten Rahmen aus abgelagertem Bonsaiholz anfügen. Lieferbar in den Farben Altweiß, Grauweiß und Schneeweiß. Aufgebaut ist das Traummöbel dank unserer übersichtlichen zwölfseitigen Aufbauanleitung in wenigen Stunden bzw. Tagen (Ungeübte). Auf Wunsch schicken wir Ihnen einen Fachmann mit, der das Bett speziell auf Ihre Wohnsituation abstimmt und vor Ort nochmals einschläft.

 Das Schlagen eines Schmetterlingsflügels kann der gequälten Kreatur viel Leid bereiten.

Pflanztipp für die Reichtumsecke im Garten

VIELE ENGAGIERTE HOBBYGÄRTNER vernachlässigen auf geradezu sträfliche Weise die Reichtumsecke ihres Gartens. Doch Vorsicht: Wer diesem Teil des Gartens nicht die notwendige Aufmerksamkeit widmet, wird es nie zu Wohlstand und Reichtum bringen!

Unser heutiger Pflanztipp fördert gezielt die Reichtumsecke. Pflanzen Sie dazu 12 unserer Sheng-Fui-Wohlstandsmünzen in einem Kreis von 1,23 Metern (Halbschatten). Diese Wohlstandsmünzen sind von uns in einem besonderen Ritual jeweils einzeln geweiht worden und gelten als besonders blühfreudig.

Meist können die Früchte nach wenigen Wochen geerntet werden. Die beste Erntezeit ist jedoch kurz nach der farbenprächtigen Blüte. Und das Beste: Die Pflanzen sind revolvierend (mehrfachblühend) und winterhart!

Durch den Anbau der Münzpflanzen können Sie dauerhaft den finanziellen Erfolg sichern und für immerwährenden Reichtum sorgen! Bestellen Sie deshalb noch heute Ihre Eintrittskarte in ein reicheres Leben!

12 Stück · 49,95 € · Nur für kurze Zeit

Die 10 beliebtesten esoterischen Liebesfilme:

1. Ein Rutengeher und Gentleman
2. Vom Astralwinde verweht
3. Ist das Leben nach der Wiedergeburt nicht schön?
4. Du sollst mein Glückskeks sein
5. King Karma und die weiße Frau
6. Schlaflos in Tibet
7. Die unerträgliche Feuchtigkeit des Mains
8. Dr. Chiwago
9. Der Mönch und ich
10. Futongeflüster

 Frage nicht nach dem Weg, wenn du das Ziel nicht kennst.

SAUBERKEIT
fängt bei uns selbst an

UNSERE INNERE EINSTEL-LUNG ist eminent wichtig für all das, was wir im täglichen Leben bewerkstelligen. Ein amerikanisches Sprichwort bringt das Phänomen mit wenigen Worten auf den Punkt: Wer seinen Job nicht liebt, wird ihn nicht gut machen!

Wie sich die innere Einstellung in unserem Handeln und Tun widerspiegelt, so ist unsere äußere Verfassung (Auftreten, Kleidung etc.) ein Spiegel unseres Innersten. Wer Sauberkeit erreichen will, darf keine „schmutzigen"

Gedanken haben (Innen) und muss selbst sauber sein (Außen). Ganz entscheidend ist eine angemessene Garderobe: Nur wer sauber (weißes Hemd, Krawatte bei Herren, Kleid und Pumps bei Damen) gekleidet ist, wird Sauberkeit erreichen. Das fängt schon beim sogenannten stillen Örtchen an.

Werfen Sie Ihre versifften Arbeitsklamotten in den Müll, ziehen Sie Ihre feinen gebügelten Sachen an und starten Sie noch heute Ihren persönlichen Feldzug gegen Schmutz und Unordnung. Für ein besseres Heute, für ein besseres Morgen!

Aromatherapie vertreibt Körpergeruch

„Gleiches mit Gleichem" lautet die Quintessenz des Ähnlichkeitsprinzips (Homöopathie). Dieses Prinzip kann man sich bei verschiedenen Befindlichkeitsstörungen wie vermehrter Schweißbildung und unnatürlichem Körpergeruch zu Nutze machen.

D**AZU NEHME MAN** einen gut eingelaufenen Schuh und drei verdorbene Fische. Die Zutaten werden in einen Topf mit kochendem Wasser gegeben. Man lasse das Ganze auf kleiner Flamme zwei Stunden zu einem Sud verkochen. Danach wird das Konzentrat abgeschöpft und durch erneutes Aufkochen nochmals „reduziert". Zum Schluss entsteht ein Destillat von wenigen Millilitern, das während eines Saunagangs als Aufguss verwendet wird. Die olfaktorische Belästigung ist anfangs enorm, aber nach drei Aufgüssen kann die Prozedur beendet werden.

Für die nächsten drei bis vier Wochen wird jeglicher Körpergeruch verschwunden sein. Danach sollte man das Ganze wiederholen. Kleiner Trost: Für den nächsten Sud reichen dann eine Sandale und zwei Fische.

WEISHEITEN DES MEISTERS:

»Bist du in dunkelster Finsternis, zünde ein Licht an, dass es hell werde.«

Eine Reise von tausend Meilen endet meist mit einem einzigen Schritt.

Die 10 besten
Sheng-Fui-Aufräumtipps:

EXTRA TIPP

Die Ursache vieler Partnerschaftskrisen, ehelicher Zerwürfnisse und Kindstötungen ist das leidige Thema Aufräumen. Sheng Fui lässt Sie nicht allein und bietet Ihnen in einer praktischen Übersicht die zehn besten Aufräumtipps. Starten Sie noch heute mit uns in einen aufgeräumten Tag!

1. In vielen Haushalten werden die Schuhe der Familienmitglieder achtlos auf einen großen Haufen geworfen. Bringen Sie Ordnung ins Chaos und stellen Sie die Schuhe zu Paaren gleicher Farbe zusammen.

2. Bilder und Gemälde nicht stapeln, sondern platzsparend und flach an Wänden anbringen.

3. Nichts beweist besser, dass Sie bereits alles Wichtige gelesen haben, als ein leeres Bücherregal.

4. Die Toilette ist die Visitenkarte Ihres Hauses. Sorgen Sie also für die notwendigen Pflichtangaben wie Name, Adresse und ggf. Firmenlogo.

5. E-Mails nach dem Ausdrucken stets sofort lochen und abheften!

6. Halten Sie Ordnung im Kühlschrank und teilen Sie den Inhalt alphabetisch auf.

Oben platzieren Sie die Lebensmittel von A bis D, darunter von E bis K und L bis Q und ganz unten R bis Z. (Wohin kommt also die Milch? Genau: ins Fach E bis K, wegen der Kuh.)

7. Kleiderstangen sollten nur zu 63 Prozent belegt werden.

8. Niemals mit leeren Händen umhergehen! Nehmen Sie stets etwas mit und legen Sie es an einen anderen Ort.

9. Am Vormittag 12-mal fünf Minuten aufräumen und in den Abendstunden 12-mal fünf Minuten aufräumen ist besser als mittags zwei Stunden aufräumen!

10. Nie größere Gegenstände (z. B. Stapel mit Bettwäsche) auf kleinere (z. B. Bierdeckel) legen. Dinge entfalten ihre Auffindeenergie besser, wenn sie nicht verdeckt sind!

Richtig entstauben!

Ein harmonisches Wohnumfeld ist immens wichtig für die perfekte Harmonie von Körper und Seele.

DIE BEKÄMPFUNG VON Staub ist eine der sieben tragenden Säulen der Sauberkeitslehre des Sheng-Fui-Meisters Dy-Song. Staub ist eine Ansammlung von Materieteilchen, teils organischen, teils anorganischen Ursprungs. Als Energietresor nimmt er die verbrauchte Energie von Lebewesen oder Dingen auf und kann diese noch nach Jahren an die Umwelt zurückgeben. Dies führt oftmals zu unerwünschten Reaktionen. Eine Hausfrau sammelte verbrauchte Zahnbürsten in einer offenen Dose. Über Partikelwanderung hat sich die negative Energie auf die elektrische Zahnbürste übertragen. Die Folgen waren fatal und unumkehrbar: In dieser Familie gibt es mittlerweile nur noch Gebissträger.

Deshalb: Bekämpfen Sie Staub, wo immer er auftritt, und verwenden Sie für jedes Zimmer einen separaten Staubsauger! Niemals darf sich Staub eines Zimmers mit dem Staub eines anderen Zimmers vermengen. Achten Sie bei der Entsorgung der vollen Staubsaugerbeutel darauf, dass auch in der Mülltonne die Staubpartikel eines Zimmers nicht mit denen eines anderen Zimmers in Kontakt kommen können. Hier hat sich ein einfacher Staubbeutel-Entsorgungsplan bewährt, der die Leerungstermine der Mülltonne mit den Wegwerfzeiten der jeweiligen Staubbeutel in Einklang bringt.

 Will eine Maus wie ein Löwe aussehen, sollte sie kein Federkleid überstreifen.

Gegen Chemie im Haushalt:
Waschaktive Waschnüsse

Dass wir Menschen unseren Planeten gerade
beim Saubermachen am meisten verunreinigen,
ist wohl hinlänglich bekannt.

MIT HILFE SOGENANNTER waschaktiver Substanzen wird die Grenzflächenspannung zwischen der zu reinigenden Oberfläche, dem Schmutz und dem Lösungsmittel herabgesetzt. Die eingesetzten Detergenzien landen danach, zusammen mit den gelösten Schmutzbestandteilen, über den Umweg eines meist veralteten Rohrleitungssystems wieder im Wasserkreislauf. Kein Wunder, dass mehr als die Hälfte der Bevölkerung an *Dementia detergentia* (waschmittelbedingter Verblödung) leidet und sich die Jugendlichen mit dem Abspielen von Klingeltönen betäuben.

Verbannen Sie deshalb alle schädlichen Reinigungsmittel und Waschmittel aus Ihrem Haushalt und setzen Sie ganz auf die Kraft der Waschnuss. Legen Sie, je nach Verschmutzungsgrad der Wäsche, vier bis sechs Waschnüsse mit in die Waschmaschine. Starten Sie nun das gewünschte Waschprogramm bei 30 °C bis 90 °C und lassen Sie die Kraft der Nüsse wirken. Ein heimeliges Rumpeln im Gerät signalisiert Ihnen akustisch, dass der Waschvorgang in vollem Gange ist.

Spartipp: Die Waschnüsse laufen bei jeder Wäsche etwas ein und können bis zur Endgröße (Haselnuss) wiederverwendet werden.

Auch in der **Geschirrspülmaschine** zeigen die Waschnüsse, was sie können, und entfalten ihre volle Wirkung. Selbst die fettigsten Teller und schmierigsten Gläser werden durch die Zugabe einiger Waschnüsse wie neu! Wegen der mechanischen Reinigungswirkung sollten Sie jedoch Geschirr aus widerstandsfähigen Materialien und bruchfester Keramik verwenden.

Zur Herkunft unserer Waschnüsse: Unsere Nüsse stammen von dem in der nordindischen Himalayaregion wachsenden Seifenbaum. Sie werden von Erwachsenen geerntet (keine Kinderarbeit) und fair gehandelt. Einen Teil des Erlöses unserer Waschnuss-Produktion investieren wir direkt am Projektort. Die dort ansässigen Dorfbewohner können nämlich wegen akuter Armut und Wassermangels die Waschnüsse selbst nicht verwenden und verzehren sie stattdessen.

 Unternimm alles – und nichts ist getan.

Vom richtigen Umgang mit Toilettenpapier

Die Toilettenpapierindustrie hat es als die technologische Innovation des letzten Jahrhunderts gepriesen: die **Perforation** des Hygieneprodukts mittels einer Lochstanze soll das Abreißen der oftmals mehrlagigen Blätter erleichtern.

AUS SHENG-FUI-SICHT IST das Abreißen von Toilettenpapier an der Perforation jedoch unbedingt zu vermeiden! Beim Papier handelt es sich trotz der mechanischen Verarbeitungsschritte und der chemischen Bleiche immer noch um ein Naturprodukt, dessen Molekülstruktur eine natürliche, unsortierte Anordnung aufweist. Zerreißt man das Papier an einer vom Menschen künstlich geschaffenen und maschinell vorgegebenen geraden Linie, läuft dies der natürlichen Form zuwider. Die Natur kennt schließlich auch keine geraden Linien. Durch das händische Zerreißen des Toilettenpapiers *zwischen* den vorgezeichneten Abrisslinien bleibt hingegen die natürliche Struktur erhalten. Dieser Methode ist daher eindeutig der Vorzug zu geben.

Was tun bei Meditationsstuhl?

Das dauernde Sitzen in ungewohnter Körperhaltung, regungslos an einem Fleck, lähmt die Peristaltik und lässt die Verdauungsorgane erschlaffen. So lautet dann die wohl meistausgesprochene Empfehlung bei Meditationsstuhl: Trinken, trinken, trinken!

Das kleine Glück

»Wer in die Vergangenheit schaut, weiß um das Gewesene.«

 Nur wenn der Tag morgens begonnen hat, kann er abends zu Ende gehen.

Der große Sheng-Fui-Wohnraumtest:

FLUR

1. **Sollte man bei der Planung der Eingangs-situation gleich eine energiefördernde Drehtür einbeziehen?**
   Ja: 2 Punkte/Nein: 0 Punkte

2. **Kann die Fußbodenheizung auch zur Zu-bereitung von Yogi-Tee genutzt werden?**
   Natürlich: 2 P./Nur bei hochwasserbedingtem Wasserschaden: 1 P./Nein: 0 P.

3. **Kann Sheng Fui auch bei einem größeren Flurschaden helfen?**
   Logisch, denn Sheng Fui hilft sogar bei Total-schaden: 2 P./Einen Versuch ist es wert: 1 P./Nein: 0 P.

WOHNZIMMER

4. **Müssen Halogenscheinwerfer beim Eintreten von Besuchern abgeblendet werden?**
   Ja, das gebietet die Höflichkeit: 0 P./Nein, wenn man ein leuchtendes Vorbild sein will: 2 P.

5. **Darf der Fernseher auch hochkant vor der Liegestatt platziert werden?**
   Ja, bei gekipptem Fernsehsessel: 1 P./Nein, außer beim Chi-Springen: 2 P.

6. **Müssen Wanduhren mit Pendel jeden Tag neu aufgezogen werden?**
   Ja, das müssen sie vertragen: 1 P./Nein, denn Wanduhren sind sensibler, als man denkt: 2 P.

SCHLAFZIMMER

7. Können Liebhaber sowohl im Schrank als auch unter dem Bett gelagert werden?
Ja, aber auf sachgerechte Lagerung achten: 2 P./Nein, die gehören auf den Balkon: 2 P.

8. Sind Kissen wirklich schlafstörende Energiebremsen?
Ja, wenn man sie auf das Gesicht des Partners presst: 2 P./Nein: 1 P.

9. Ist es für einen gesunden Schlaf wichtig, die persönliche Schnarchrichtung zu bestimmen?
Ja: 0 P./Nein, wieso?: 2 P.

KINDERZIMMER

10. Muss für eine artgerechte Haltung eines Kindes notwendigerweise eine Raumtemperatur von 14 Grad eingehalten werden?
Ja: 2 P./Nein: 0 P.

11. Sollten Spielekonsolen wegen Elektrosmoggefahr nachts in Alufolie eingeschlagen werden?
Ja, wenn die Folie alle drei Stunden gewechselt wird: 0 P./Nein, denn Alufolie blockiert positive Energiewellen: 1 P.

12. Dürfen Schildkröten und Hamster gemeinsam im Kinderzimmer schlafen?
Nein, das ist wider die Natur: 2 P./Ja, wenn die Kinder in der Garage schlafen: 2 P.

KELLER

13. Dürfen Steuerunterlagen zusammen mit persönlichen Unterlagen wie alten Fotos und archivierten Liebesbriefen in einem Regal gelagert werden?
Ja, denn auch Steuern gehören zu unserem Leben: 0 P./Nein, die negative Energie würde überspringen: 2 P.

14. Ist es in Österreich immer noch üblich, für „die lieben Verwandten" im Keller ein gut gedämmtes und abschließbares Extra-Apartment gemäß „Feng Shui" einzurichten?
Ja: in Einzelfällen: 2 P./Nein, das Konzept gilt auch dort als überholt: 1 P.

15. Darf ein Kellerraum bei fehlendem Untergeschoss auch im Bereich des Dachbodens angesiedelt werden?
Ja, bei entsprechender Beschilderung: 2 Punkte / Nein, das verstößt gegen den energetischen Konsens: 1 Punkt

 Wenn die Sonne untergeht, verschwinden die Schatten.

ARBEITSZIMMER

16. Sind Fenster im Arbeitszimmer ein energetisches No-go?
Ja, denn sonst entweicht das Chi: 2 P./Nein, aber sie sollten achteckig sein: 2 P.

17. Darf ein Deckenventilator für eine bessere Raumdurchlüftung auch auf dem Fußboden installiert werden?
Ja, aber die Drehrichtung muss umgepolt werden: 1 P./Nein, sonst wird das Chi verquirlt: 1 P.

18. Sollten die Arbeitsunterlagen an geraden Tagen kreis- und an ungeraden Tagen sternförmig im Raum angeordnet werden?
Ja, denn das sorgt für einen besseren Überblick: 0 P./Nein, genau umgekehrt wäre es richtig: 2 P.

KÜCHE

19. Ist es energetisch sinnvoll, sich bei ausgeprägtem Körpergeruch unter die Dunstabzugshaube zu stellen?

Ja, aber vorher den Fettfilter wechseln: 2 P./Nein, man sollte sich lieber unter die Dusche stellen: 2 P.

20. Ist es notwendig, Eier abzuschrecken?
Ja, aber nur, wenn keine Kinder anwesend sind: 2 P./Nein, wenn sie unbefruchtet sind, nicht: 1 P.

21. Sollten Menschen mit einem Hang zu Messern konsequent geschnitten werden?
Ja, aber nur im Rahmen des geltenden Strafrechts: 1 P./Nein, damit würde man sich nur ins eigene Fleisch schneiden: 1 P.

BADEZIMMER

22. Können Kois statt in der Badewanne auch in der Duschtasse gehalten werden?
Ja, wenn das Wasser regelmäßig gewechselt wird: 1 P./Nein, das stört beim Duschen: 2 P.

23. Ist es energetisch sinnvoll, montags in den Spiegel zu schauen?
Ja, denn Informationsvorsprung ist alles: 2 P./Nein, die Wahrheit ist nicht an Wochentage gebunden: 2 P.

24. Sollte man die gefährliche Wasserenergie im Bad durch Anlegen eines Neoprenanzugs vermeiden?
Ja, plus Schnorchel und Schwimmflossen: 2 P./Nein, normale Badekleidung tut's auch: 1 P.

ANKLEIDEZIMMER

25. Soll die wertvolle Konfektion nach Materialien, Farben oder Gewicht sortiert werden?

Ja: 0 P./Nein, die alphabetische Anordnung (ohne Umlaute) genügt vollkommen: 2 P.

26. Ist der Kleiderbügel tatsächlich ein energetisches No-Go?

Ja, es sei denn, man benutzt Bügelstärke: 2 P./Nein: 1 P.

27. Sollten Cordhosen vor dem Aufhängen mit einem Fugenkratzer gereinigt werden?

Ja, denn nach dem Aufhängen kommt stets das Abkratzen: 2 P./Nein: 0 P.

GARAGE

28. Muss man die Garage (lt. Mondkalender) tatsächlich bei Flut vorwärts und bei Ebbe rückwärts befahren?

Ja, aber dies gilt nur für die Nordseehalligen: 1 P./Nein, bei Flut helfen nur Schwimmflügel: 2 P.

29. Sollten Cabriobesitzer ihre Fahrzeuge in Garagen mit entfernbarem Dach (für die Sommernutzung) unterstellen?

Ja, Cabriobesitzer mögen ihre Autos offen gestanden am liebsten: 2 P./Nein, gerade diese Autos gehören in die Tiefgarage: 1 P.

30. Kann eine Garage energetisch zum „stillen Raum" für renitente Kinder und Jugendliche umgewidmet werden?

Ja, wenn auch juristisch umstritten: 2 P./Nein, die Kids könnten das Auto beschädigen: 1 P.

AUSWERTUNG

0 bis 10 Punkte: Hier sind deutliche Karmalecks spürbar, die auf eine fehlerhafte Wiedergeburt (Nachgeburt) zurückzuführen sind. Eine dauerhafte Besserung scheint unmöglich.

11 bis 20 Punkte: Wer hier gelandet ist, lässt sich als meditatives Mittelmaß bezeichnen. Bei genauer Lektüre der einschlägigen Sheng-Fui-Literatur dürften sich rasch Fortschritte einstellen.

21 bis 30 Punkte: Die energetische Meisterklasse zeichnet sich durch ein intaktes Chi und ein stabiles spirituelles Nervenkostüm aus. Herzlichen Glückwunsch!

 Wissen, das sich nicht täglich vermehrt, kann nicht wachsen.

Traditionelle Medizin

INHALT

DIE 18 SINNE GEMÄSS SHENG FUI

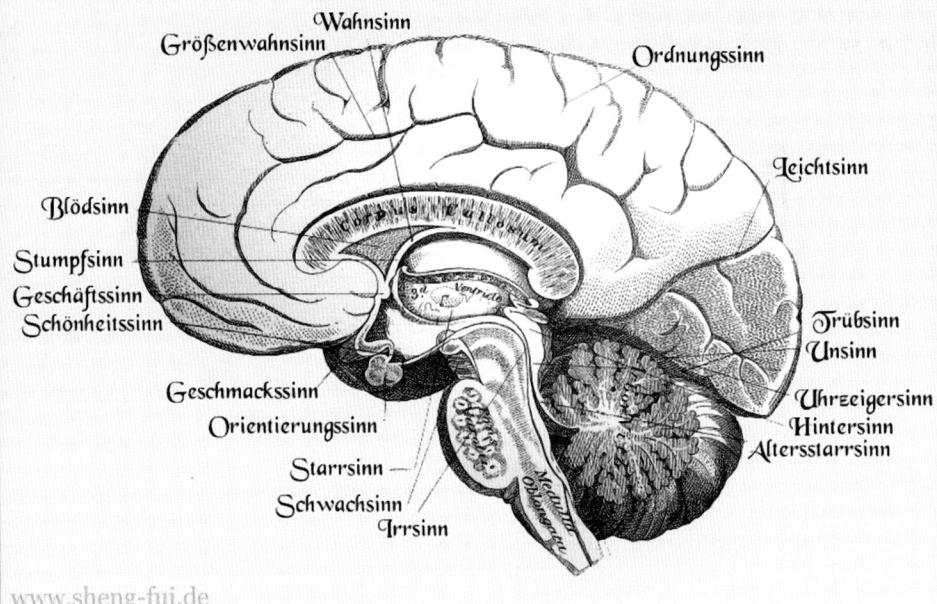

Die 18 Sinne gem. Sheng Fui

Wahnsinn
Größenwahnsinn
Ordnungssinn
Leichtsinn
Blödsinn
Stumpfsinn
Geschäftssinn
Schönheitssinn
Trübsinn
Unsinn
Uhrzeigersinn
Hintersinn
Altersstarrsinn
Geschmackssinn
Orientierungssinn
Starrsinn
Schwachsinn
Irrsinn

www.sheng-fui.de

Die erste erhaltene Abbildung des menschlichen Gehirns gemäß Sheng Fui (Tang-Dynastie)

Tue nichts Gutes, dann passiert dir nichts Schlechtes.

Bakama™
Belly Massager erstmals in Deutschland erhältlich

Mit unserem Bakama™ Belly Massager erreichen Sie ein Wirkspektrum, das mit keinem anderen vergleichbaren Gerät erzielbar ist.

EXTRA TIPP

MIT EINER GEZIELTEN täglichen Anwendung steigern Sie Ihr Wohlbefinden und erreichen eine tiefgehende Entspannung. Der Bakama™ Belly Massager hat außerdem einen positiven Einfluss auf allgemeine Stressreaktionen wie Kopfschmerzen, Migräne und Regelbeschwerden. Und so geht's: Der Bakama™ Belly Massager wird zentral am Bauchnabel (vorher mit Jojoba-Öl reinigen) angesetzt. Mit kraftvollem Druck beginnt man nun mit rhythmischen Drehbewegungen gegen den Uhrzeigersinn. Nach wenigen Minuten spüren Sie die entspannende Wirkung.

?

WUSSTEN SIE SCHON, dass sich Vegetarier mit ihrer radikalen Haltung nur ins eigene Fleisch schneiden?

Wohin du auch gehst, nimm deine Schuhe mit.

Durchbruch in der
Magnetfeldtherapie

Die Magnetfeldtherapie ist aus der TSFM (Traditionellen Sheng-Fui-Medizin) nicht mehr hinwegzudenken. Schließlich gilt es mittlerweile als bewiesen, dass Magnetfelder die Zellmembran für den Ionenaustausch durchlässiger machen und so das Chi besser fließen kann.

FREI VON NEBENWIRKUNGEN jedweder Art verhilft diese Therapie Millionen von Patients im asiatischen Kulturkreis zu einem besseren, da beschwerdefreien Leben.

Leider beschränkte sich der Einsatz der TSFM bislang meist auf die punktuelle Behandlung erkrankter Körperteile. Doch oft lassen sich Schmerz und Verspannung nicht auf den Quadratzentimeter genau lokalisieren, weil sich die Symptome durch verschiedene Areale oder sogar den ganzen Körper ziehen.

In der Vergangenheit mussten sich Patienten mit derartigen streuenden bzw. ausstrahlenden Beschwerden mit mehreren hundert Magnetpflastern im wahrsten Sinne des Wortes zupflastern. Für Angehörige und Freunde war das ein verstörender Anblick – der zudem wegen der immensen Kosten ausschließlich Einkommensmillionären vorbehalten blieb. Glücklicherweise gibt es mittlerweile das

Sheng Fui Magnetotape. Eine Rolle enthält 25 Meter medizinisches Klebeband, auf dem in gleichmäßigen Abständen 750 hochwirksame Heilmagnete (32.000 Gauß Feldstärke bei hochwertiger Legierung) aufgebracht sind. **Die Anwendung ist mehr als einfach: Wickeln Sie das Heilband für mindestens 6 (jedoch maximal 72) Stunden entlang der Akupunkturmeridiane um die befallenen Körperpartien.** Danach kann das Pflaster einfach aufgewickelt und erneut für die Behandlung von Kleinkindern und Haustieren eingesetzt werden. Dank der großen Feldstärke der Magnete wirkt das Magnetotape auch durch die Kleidung und kann daher auch während der Arbeit, z. B. im Büro, benutzt werden. Das Heilband ist in verschiedenen Farben erhältlich und dank der guten Kombinierbarkeit mit Kleidungsstücken auch ein modischer Hingucker.

Weiser als die wahre Weisheit der Wissenden ist das Wissen der wahren Weisen.

Nicht-operative Methode bei **Hornhautverkrümmung**

STÄNDIG VERSUCHT DIE Schulmedizin uns zu manipulieren, indem sie geschickt mit unseren Ängsten spielt.

So sind Augenärzte und Optiker, allein aus Gründen der Gewinnmaximierung, vor einiger Zeit auf die Idee verfallen, die Hornhautverkrümmung in Zusammenhang mit Fehlsichtigkeit zu bringen. Eine nachgerade absurde Idee, wenn man bedenkt, dass die Hornhaut an den Füßen wohl schlechter für ein Augenleiden (Kopfbereich!) verantwortlich sein kann. Trotzdem landen jedes Jahr Tausende Patienten mit krummer Hornhaut auf den OP-Tischen – und Millionen Euros in den Taschen der Augenärzte. Über den Rest freuen sich Deutschlands Optiker, welche die Patienten mit überteuerten Brillengestellen oder nervigen Kontaktlinsen ausrüsten.

Dabei könnte die Lösung so einfach sein: Durch gezielte Druckausübung auf die unterseitigen Fußmediane kann man die Hornhautverkrümmung innerhalb weniger Tage wirksam bekämpfen. In einer Woche sollte die Hornhautverkrümmung (Astigmatismus) sogar ganz verschwunden sein. Aber diese unbequeme Wahrheit wollen unsere Halbgötter in Weiß natürlich nicht anerkennen!

EXTRA TIPP

愛

»Wasserbetten werden mit wenigen Stichen eines gewöhnlichen Haushaltsmessers zu hilfreichen Zimmerspringbrunnen *(Achtung: begrenzte Laufzeit!)*.«

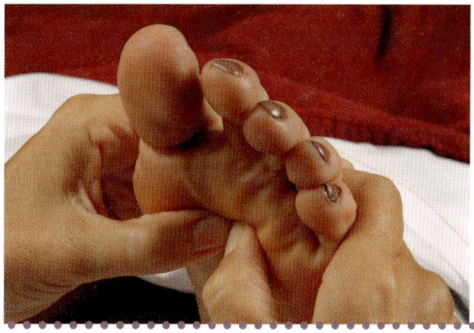

Grillen im Sommer, 10 Tipps:

1. Grillen sind wärmeliebend.
2. Grillen sind eine Familie der Insekten.
3. Grillen zählen zu den Hemimetabolen.
4. Grillen haben Sprungbeine und lange Fühler.
5. Grillen erzeugen die Laute mittels Stridulation.
6. Grillen werden in China in kleinen Käfigen gehalten.
7. Grillen kann man in 100 verschiedene Arten aufteilen.
8. Grillen gelten in Japan als beliebtes Haustier für Kinder.
9. Grillen erzeugen Laute zur Revierabgrenzung und Partnersuche.
10. Grillen werden in asiatischen Ländern zu Wettkampfzwecken gehalten.

Der Ursprung des Hatschi **bei Erkältungskrankheiten**

WIR FREUEN UNS, dass wir unseren ehrwürdigen Meister Ya-Tsung Chang (Master of Sheng Fui, Detroit) während seiner diesjährigen Europatournee interviewen durften. Wir veröffentlichen an dieser Stelle das Gespräch ausschnittsweise. Die entscheidenden Textpassagen wurden der besseren Klarheit wegen in englischer Sprache belassen.

"Every year there are times when it is raining and snowing. Especially in fall and winter. So it could happen that you catch a cold or get a snuff. To get rid of the flewing things in your nose, your body breathes deeply and your nose explodes with a loud: 'Huh!' (Sheng Fui = Against all evil) and 'Chi!' (Sheng Fui = Energy). These Sheng Fui Words sound similar in every language (German = Ha Tschi). Think about it!"

Das kleine Glück

»Zeige diesen Glückskeks innerhalb von 2 Stunden 20 deiner Freunde oder er wird an Schnupfen sterben.«

Im Leben ist man auf Gedeih und Verderb dem Gedeihen und Verderben ausgeliefert.

Advent, Advent, die Ohrenkerze brennt

IM SHENG FUI WERDEN seit jeher die Dezember-Sonntage genutzt, um mit Kerzen die gut erreichbaren Körper-, Reflex- sowie Chakrenpunkte des Kopfes (Ohren, Nase, Mund) zu stimulieren. (Interessante Hintergrundinformation: Die Anhänger des umstrittenen, da wissenschaftlich nicht haltbaren Christenkults haben diese Tradition dreist übernommen und entzünden heute die sogenannte Adventskerze. Da diese meist auf einem Tisch platziert wird oder innerhalb eines Kranzes zum Einsatz kommt, verpufft die energetische Wirkung. Eine sinnlose Verschwendung!) Zur Steigerung der Wirksamkeit wird nach folgendem Plan vorgegangen.

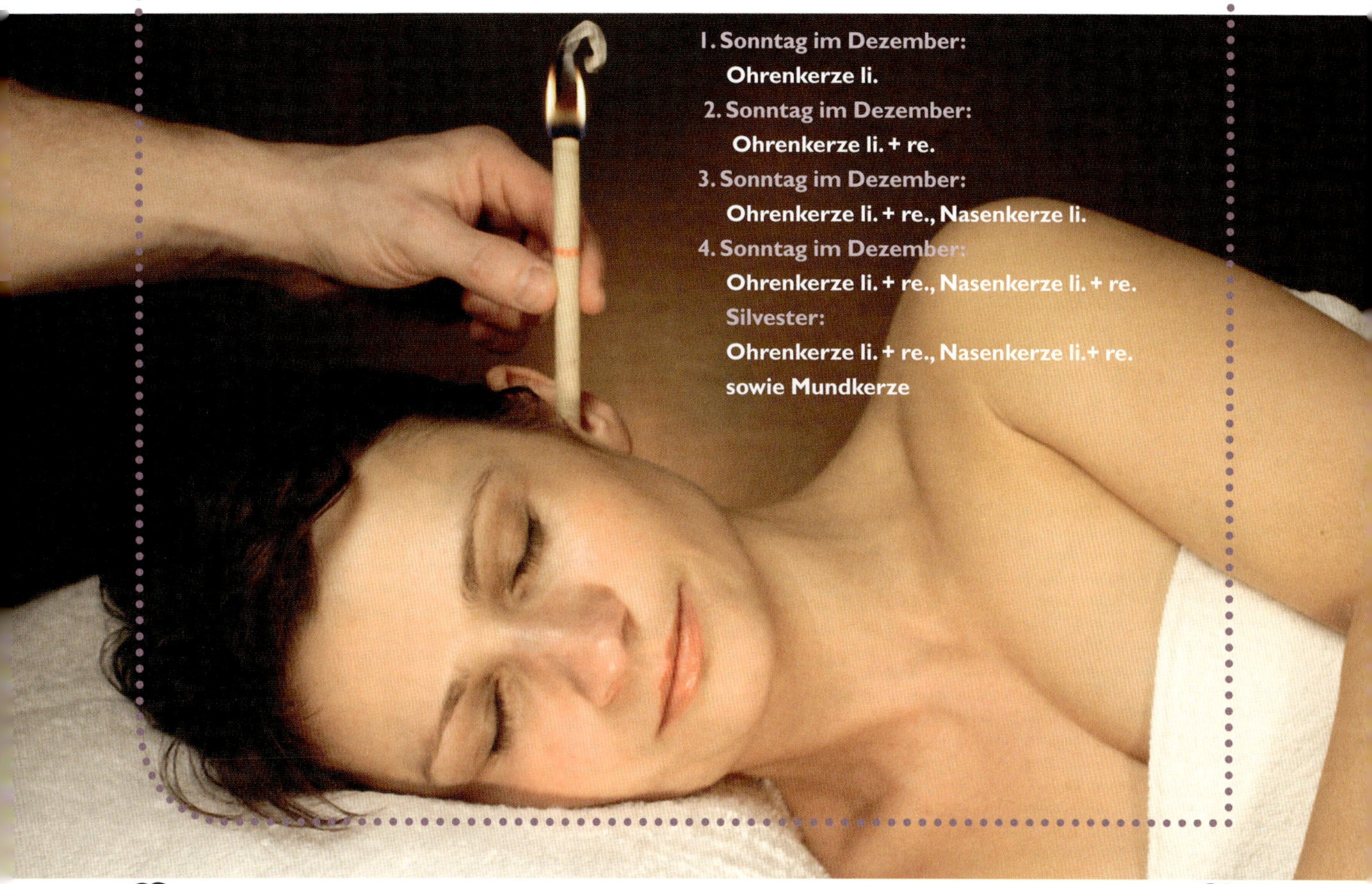

1. Sonntag im Dezember:
   Ohrenkerze li.
2. Sonntag im Dezember:
   Ohrenkerze li. + re.
3. Sonntag im Dezember:
   Ohrenkerze li. + re., Nasenkerze li.
4. Sonntag im Dezember:
   Ohrenkerze li. + re., Nasenkerze li. + re.
   Silvester:
   Ohrenkerze li. + re., Nasenkerze li.+ re. sowie Mundkerze

Der Wolf nutzt gelegentlich die Maske des Tigers.

Mentale Stärkung für Schüler und Studenten

VIELE SCHÜLER UND Studenten leiden unter zu geringem Selbstbewusstsein. Anstatt heiter und erhobenen Hauptes durchs Leben zu gehen, sind diese jungen Leute niedergeschlagen, mutlos und antriebsarm. Damit sind sie oft ideale Mobbingopfer und deutlich stärker suizidgefährdet als ihre Altersgenossen.

Für diese Klientel haben wir eine einzigartige Übung zur Stärkung ihrer mentalen Energien entwickelt. Dazu zieht die betroffene Person über einen Zeitraum von acht Wochen die Sheng Fui BlueShuZ™ an. Dabei handelt es sich um spezielle Gehhilfen, die dem Träger die nötige Bodenhaftung verschaffen und für eine bessere Erdung sorgen.

Doch Vorsicht: Gerade in den ersten Wochen kann es, wie bei vielen chinesischen Heilmitteln, zu einer Verstärkung der Symptomatik kommen, der sogenannten Erstverschlimmerung.

So werden die Träger der Heilmittel von ihren intoleranten Mitschülern oder Kommilitonen zunächst mehr gehänselt, gemobbt oder in Einzelfällen körperlich

drangsaliert als zuvor. Sind diese Wochen überstanden, setzt jedoch die Heilwirkung ein: Die Träger der Spezialschuhe werden zu akzeptierten Mitgliedern ihrer Gruppe und übernehmen im späteren Leben nicht selten Führungsfunktionen.

Die als Heilmittel zugelassenen Sheng Fui BlueShuZ™ können im Sheng-Fui-Shop bestellt werden und werden von manchen Kassen mit 50 % bezuschusst. Wir veröffentlichen hier erstmals die Wirkformel der Sheng Fui BlueShuZ™.

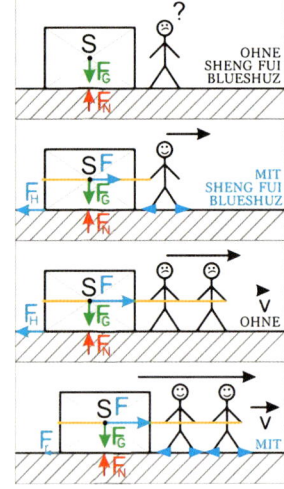

Akupunktur bei
Salmonellenbefall

Gerade im Sommer steigt die Anzahl von Salmonelleninfektionen sprunghaft. Die stäbchenförmigen Bakterien zählen zu den sogenannten Zoonosen, an denen sich sowohl Tiere als auch Menschen anstecken können.

DER FÜR UNS Menschen gefährlichste Übertragungsweg ist die Infektion durch falsch gelagerte Lebensmittel.

So sollte das beliebte Speiseeis vor allem im Hochsommer vor dem Verzehr zunächst abgekocht werden, um die schädlichen Keime abzutöten. Auch abgestandenes Wasser zählt zu den häufigen Infektionsverursachern, weswegen das Tragen von Gummistiefeln beim Durchqueren von Regenpfützen unumgänglich ist.

Den dritten und gefährlichsten Infektionsweg bildet falsch aufgetautes und unsachgemäß zubereitetes Geflügel.

Ist ein Lebensmittel von Salmonellen befallen, muss es jedoch keineswegs vernichtet werden. Bei infiziertem Geflügel bietet sich vielmehr eine Akupunktur-Behandlung an.

Dazu wird das betroffene Hühnchen gemäß der Myers-Klassifikation aufgewärmt und mit den Nadeln behandelt. Weitere Hinweise dazu liefert Ernest T. Myers in *Acupuncture of Chicken in China* (Asian Folklore Studies, Vol. 21, 2005), dessen Ergebnisse weitgehend auf den europäischen Raum übertragbar sind.

WEISHEITEN DES MEISTERS:

»Überwiegt die Hitze, dann gibt es zu wenig Kälte.«

 Die Haare wachsen nicht schneller, wenn man daran zieht.

Schädlicher Hautkontakt bei Textilien

Direkt aus dem Stammland des Sheng Fui kommt die folgende Empfehlung:

DAS TRAGEN VON zwei oder mehr Textilien derselben Größe, Form und Farbe mit direktem Hautkontakt schadet dem Energiehaushalt, da die Energien, die das eine Kleidungsstück an seinen Träger abgibt, direkt von dem anderen wieder aufgenommen werden.

Besonders wichtig ist es daher, auf zwei grundlegend verschiedene Socken zu achten. Sie müssen sowohl in Form als auch in Farbe und Größe differieren!

Beide dürfen zudem keinen Hautkontakt haben, sondern müssen über die Schuhe gestreift werden.

YOGA IM BÜRO Teil 4

Die Fledermaus

Diese Übung können Sie auch in beengten Büroverhältnissen durchführen. Ein 20er-Dübel, ein Haken und ein daran befestigtes Seil genügen, um ein effektives Yoga-Workout zu gewährleisten. Halten Sie sich mit beiden Händen am Seil fest und bringen Sie Ihre Beine in eine waagrechte Position. Ein Kollege oder eine Kollegin legt jetzt ein Gewicht (Notebook, Topfpflanze, Mülleimer – was immer im Büro vorhanden ist) auf ihre ausgestreckten Füße.

Halten Sie für mindestens drei Minuten das Gleichgewicht und vergessen Sie nicht zu lächeln.

 Nicht zu wissen, was man will, hinterlässt einen oft ganz ratlos.

Den Zusammenhalt stärken

UNSERE GEHWERKZEUGE FÜHREN oftmals ein unterschätztes Eigenleben. Bewegt sich der eine Fuß beim Gehen dynamisch nach vorne, bleibt der andere Fuß für einen kurzen Moment frustriert zurück. Bei jedem Schritt

kommt es auf diese Weise zu einer, wenn auch kurzen, traumatischen Erfahrung. So darf mal das linke Bein zuerst starten, mal das rechte Bein. Mal darf das rechte Bein zuerst auf die Rolltreppe, mal das linke. Da sind Eifersuchtsszenen zwischen den Gliedmaßen geradezu vorprogrammiert.

Die Verbundenheit zwischen den unteren Extremitäten kann durch das Benutzen eines gemeinsamen Schnürsenkels für beide Schuhe gestärkt werden. Die Schuhe sollten mindestens 12 Minuten lang verbunden bleiben. In dieser Zeit sollten Sie sich nur in kurzen Schlusssprüngen fortbewegen. Um sich nicht unnötigen Anfeindungen der Umwelt auszusetzen, können Sie diese Übung auch im heimischen Wohnzimmer durchführen. Schon bald werden Sie den erhöhten Einklang Ihrer Beine und eine Verbesserung Ihres Allgemeinzustands feststellen.

YOGA IM BÜRO Teil 5

Der Frischmacher

Legen Sie sich mit Hilfe eines netten Kollegen quer über Ihren Schreibtischstuhl und legen Sie die Hände in der Jasmin-Haltung aneinander. Die Füße zeigen zur Zimmertür des Vorgesetzten. Der Rücken bleibt gerade und die Schulterblätter sind nach hinten durchgedrückt. Bereits nach einer halben Stunde breitet sich – beginnend bei der Halspartie – eine wohlige Entspannung aus. Frisch und gestärkt können Sie Ihr Tagewerk fortsetzen. (Die wissenschaftlich ermittelte Leistungssteigerung beträgt 53 %.)

Nach dem Regen kommt Sonne und manchmal ist es andersrum.

Nikotinpflaster
gegen Passivrauchen

Mittlerweile ist weithin bekannt, dass Tabakrauch der mit Abstand bedeutendste und gefährlichste vermeidbare Innenraumschadstoff ist.

BEI PASSIVRAUCHERN IST die Raumluft mit derzeit ca. 400 quantifizierten Schadstoffen angefüllt, die häufig toxisch (giftig) sind oder als cancerogen (krebserregend) gelten.

Die Folgen des Passivrauchens sind erschreckend; die „stinkende Pest" (Volksmund) fordert jedes Jahr allein in Deutschland 5000 Opfer. Die Entwöhnung von Passivrauchern sollte daher in unser aller Interesse liegen. Unbehandelte Passivraucher sorgen mit ihrem feindseligen Auftreten zudem für soziale Spannungen. Mit ihrem fortwährenden Aufreißen sämtlicher Gebäudeöffnungen (Lüftzwang) sind sie außerdem für 15 % aller Erkältungskrankheiten verantwortlich. Doch die Bekämpfung des Passivrauchens gestaltet sich in der Praxis als durchaus schwierig, denn die Nikotinabhängigen sind äußerst schwer von ihrer Sucht zu kurieren.

Seit neuestem gibt es eine Hoffnung für alle Passivraucher, die endlich das Rauchen aufgeben wollen. Es handelt sich um eine spezielle, auf der TCSFM (Traditionelle Chinesische Sheng-Fui-Medizin) basierende Entwöhnungstherapie mittels Nikotinpflaster. Diese Nikotinersatztherapie mildert auf vielfältige Weise die Entzugssymptomatik. Um den Entwöhnungsprozess zu erleichtern, gibt das im Oralbereich angebrachte Pflaster den Wirkstoff Nikotin langsam und ohne Schadstoffe ab. Dies ermöglicht ein gezieltes Ausschleichen aus der Suchtspirale. Gleichzeitig wird der Stimmungszustand des oft überaus aggressiv auftretenden Passivrauchers moduliert und eine wohltuende Ruhe breitet sich aus.

EXTRA TIPP

愛

Wer erleuchtet ist, lebt im Dunkeln und sonnt sich im Licht der anderen.

Die Pyramide der neun Weltenmächte

UNSERE WEST-LICHE ART des Bauens hat bei vielen Wohnhäusern dazu geführt, dass der Chi-Fluss gehemmt ist. Teilweise verwandelt sich das sonst dünnflüssige Chi in einen zähen, dickflüssigen Chi-Brei, was bei den Bewohnern u. a. zu Teilnahmslosigkeit und Antriebsarmut führt. Gefürchtet sind auch die durch Lochfraß beschädigten energetischen Leitungsbahnen, weil sie den unerwünschten Leitungswechsel von Chi-Masse befördern, den berüchtigten Chi-Lift. Früher brauchte es in solchen Fällen aufwendige und kostspielige Analysen der Wohnsituation, um das Chi wieder zum Fließen zu bringen. Seit neuestem genügt meist die Methode „Pyramide der neun Weltenmächte". Dazu werden neun Granitkugeln mit Hilfe kleiner Balancierbrettchen in Pyramidenform aufgeschichtet. Mit ein wenig Übung ist die Pyramide in wenigen Minuten aufgebaut. Die starke korrigierende Wirkung beruht auf der synergetischen Kombination der neun alles bestimmenden Weltenmächte: *Vergeben, Vergessen, Verlieben, Verzeihen, Verlieren, Versuchen, Verbessern, Vereiteln und Verfluchen.* Den energetischen Abschluss der Pyramide bildet die rote Granitkugel, das eigene Chi. Die Pyramide wird nun im Zentrum des Wohngebäudes oder in der Mitte des betroffenen Raums aufgestellt, wo sie feinstoffliche Wirkungen von negativen Raumenergien und Chi-Defekten bis zu 83,5 Prozent ausgleichen kann. Da die Pyramide einen Wirkungsbereich von 12,56 Metern hat, ist sie das perfekte Mittel, negative Raumenergien in Standard-Wohnsituationen zu neutralisieren und den Chi-Fluss vollumfänglich wieder herzustellen.

Die Kraft der Steine

Schon seit frühester Menschheitsgeschichte ist die Heilkraft der Steine
einigen Eingeweihten bekannt. Das
Geheimwissen wurde stets nur an
wenige Auserwählte weitergegeben.

EIN VERBLÜFFENDES BEISPIEL für die
Kraft der Steine ist die Behandlung von Menstru-
ationsbeschwerden und Regelschmerzen.
Im *Sheng Fui Book of Stones* heißt es dazu:
*Packe er sein Weib bäuchlings und werfe es auf
die eigene Scholle mit dem Kopf zuvorderst in
nordnordöstlicher Richtung. Sodann schichte er eine
Reihe erhitzter Steine, in der Zahl der Finger an
einer Hand, auf des Rückens knöcherne Schlange.
Dann lasse er die Frau liegen – ungefüttert und
nicht kürzer als des Stundenglases dreimaliger
Lauf. Danach entferne er die Steine und werfe sie
nicht weniger als 500 Schritte vom heimischen Feuer
in südsüdwestlicher Richtung in den finsteren Wald.*
Mag diese wörtliche Übersetzung aus dem
Book of Stones auch etwas altertümlich klingen:
Das Heilverfahren hat nichts an Aktualität und
Wirksamkeit eingebüßt und erzielt immer noch
größte Wirkungen!

Die Haustiere mit dem meisten Chi

1. **Chi-huahua**
   (geltende Kampfhundverordnung
   beachten)
2. **Chi-märe**
   (Säugetier aus der Kategorie der
   Unpaarhufer)
3. **Chi-mpanse**
   (Schnittstelle der Evolution)
4. **Chi-nchilla**
   (in der Darreichungsform „Mantel")
5. **Chi-ldkröte**
   (Achtung: wegen des Panzers kein
   Export in Embargo-Länder)

Das kleine Glück

»Wer keine Zeit hat,
braucht keine Uhr.«

Original
Sheng-Fui-Wellness-Stimulator

Nach dem großen Erfolg unseres „Bakama™ Belly Massagers" (vgl. S. 59), den wir in Deutschland exklusiv vertreiben, stellen wir nun ein völlig neuartiges Gerät vor: den original Sheng-Fui-Wellness-Stimulator!

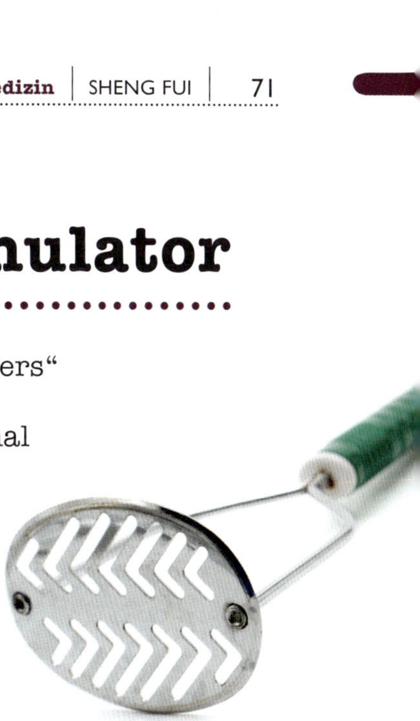

DAS AUS QUALITATIV hochwertigem und besonders robustem Edelstahl bestehende therapeutische Instrument eignet sich zur vollständigen Körpermassage und spricht gezielt alle neuronalen Chakrenzentren an. Der Sheng-Fui-Wellness-Stimulator wird dazu an einem der sechs Chakrenpunkte angesetzt und sorgt durch seine perfekte Druckverteilung für einen gleichmäßigen FoE (*Flow of Energy*). Das praktische Gerät eignet sich zur Selbstmedikation und dient der völligen Entspannung. Der Stimulator ist eine starke und positive Energiequelle, die Sie sich und anderen gönnen sollten. Er hat sich auch und insbesondere in der Paartherapie bewährt. Eine ausführliche und bebilderte Bedienungsanleitung liegt dem Gerät bei.

YOGA IM BÜRO Teil 6

Der Muntermacher

Gerade die einfachen Übungen für zwischendurch sind es, die unser Sheng-Fui-Yogaprogramm so praktikabel und beliebt machen. Nehmen Sie die im Bild gezeigte Grundposition ein. Wenn diese sicher beherrscht wird, bitten Sie einen Kollegen, den Drehstuhl in Schwung zu setzen. Bewährt hat sich bei Anfängern ein fünfminütiges Kurzprogramm mit 35 Umdrehungen die Minute. Fortgeschrittene können die Rotationsgeschwindigkeit langsam steigern. Achtung: Männliche Büroarbeiter mit Publikumsverkehr sollten darauf achten, dass die herabhängende Krawatte nicht den visuellen Kontakt zum Besucher stört.

Wer sich nicht selbst erkennt, sollte das Licht einschalten.

Ganzheitliche Management-Kurse gem. Sheng Fui™

Die Lehre des Sheng Fui betrachtet ein modernes Wirtschaftsunternehmen nie in seinen Einzelfunktionen („Abteilungen"), sondern stets als großes Ganzes.

DIESER GANZHEITLICHE ANSATZ erlaubt es uns, Prozessoptimierungen durchzuführen, welche nicht nur die Geschäftsabläufe verbessern, sondern auch die Mitarbeiterzufriedenheit signifikant steigern. Unsere „Ganzheitlichen Management-Kurse gem. Sheng Fui™" bringen mithilfe spezieller Übungen gestockte Dinge wieder in den Fluss und stellen das emotionale Gleichgewicht wieder her. Dazu werden die Führungskräfte zunächst auf einer Wiese versammelt und es werden quadratische Energiecontainer (von den Teilnehmern oft schmunzelnd „Pappkartons" genannt) verteilt. Die Kursteilnehmer streifen sich diese Energieträger über den Kopf und beginnen zunächst mit stressabbauenden Übungen.

Danach werden die immer wieder in veränderter Form durchlaufenen Zyklen des Geschäftslebens mit den Hilfsmitteln nachgestellt, was das energetische Umfeld stärkt.

Wichtig hierbei sind die kinetischen Übungen, bei denen die Energiecontainer durch pure Muskelkraft und einen impulshaften Stoß für kurze Zeit ins Schweben kommen, um danach wieder zu Boden zu fallen.

Die Auswertungen nach jedem Kursus beweisen, dass unsere Management-Kurse sich bereits nach kurzer Zeit positiv auf den Umsatz des Unternehmens auswirken. Es gibt bereits zahlreiche Beispiele, bei denen derart optimierte regionale Betriebe (z. B. Gummi Krause, Bad Harzburg) anschließend in den DAX aufstiegen und mittlerweile Weltmarktführer in ihrem Sektor (aufblasbare Schwimmhilfen; bekanntestes Produkt: die Jumbo-Ente) sind.

 Wer anderen eine Grube gräbt, ist hilfsbereit!

? WUSSTEN SIE SCHON, dass auch Vegetarier manchmal Schmetterlinge im Bauch haben?

Korrekte Schlafrichtung am Arbeitsplatz
dank STORM™-Technologie

Vor allem bei Behörden ist der tägliche Büroschlaf ein bewährtes und unerlässliches Mittel, die Chakrenzentren energetisch wieder aufzuladen.

LEIDER KOMMT ES dabei immer wieder zu Fehlern. Dabei ist die korrekte Schlafrichtung im Büro von elementarer Bedeutung für das Aufladen der sogenannten Batterien der Seele.

Am Computerarbeitsplatz sollte man es sich keineswegs zu bequem machen, sondern der Abbildung oben rechts folgen. Richten Sie dazu das Notebook mittels des Verfahrens „Fliegende Sonne, Mond und Sterne" aus. Legen Sie Ihr Gesicht nun frontal auf die Tastatur und platzieren Sie die empfindliche Nase direkt auf dem Trackpad. Atmen Sie tief in den Bauch hinein und leiten Sie die Schlafphase ein. Nach dem Aufwachen sollten Sie sich wie neu- oder gar wohlgeboren fühlen. Falls es zu subjektiven Missempfindungen nach der Aufwachphase kommt, können Sie mit einem Handspiegel die korrekte Schlafposition überprüfen: Alle Tasten des Notebooks sollten gleichmäßig über das ganze Gesicht einen sauberen Abdruck hinterlassen haben. Anfänger können vor dem Büroschlaf etwas Farbpuder auf die Tasten geben, um die korrekte Durchführung unserer patentierten Sleep Transfer Office Regeneration Method STORM™ zu überprüfen.

Das Gute, was du tust, wird morgen vergessen sein. Also vergiss es!

YOGA IM BÜRO Teil 7

Die Schildkröte

Diese Übung eignet sich besonders für weibliche Officeworker und kann auch in Minirock und Absatzschuhen durchgeführt werden. Legen Sie Ihr Notebook frontal vor sich auf den Boden. Strecken Sie die Knie durch und beugen Sie sich zum Schreibgerät hinab. Der Kopf folgt dem abgeklappten Display. Tippen Sie auf diese Weise 25-mal den sogenannten Dr.-Blauert-Standardtext. Dieser Normbrief besteht aus etwa 1750 Anschlägen. Etwa nach dem zehnten Dr. Blauert können beim Ungeübten Taubheits- oder Schmerzgefühle im Wirbelsäulenbereich entstehen, die jedoch meist nach dem zwölften Durchgang einer wohligen Entspannung weichen.

NEGATIVE ENERGIEN
AM ARBEITSPLATZ BESEITIGEN

Obwohl die Arbeitgeber in Deutschland verpflichtet sind, Persönlichkeit, Würde und Gesundheit ihrer Mitarbeiter zu schützen, gehört das Mobbing fast zum Standardsozialverhalten in Deutschlands Büros.

DAS SPEKTRUM DER sich im Mobbing manifestierenden negativen Energien reicht von sexueller Belästigung, übler Nachrede und Beleidigungen über Sabotageakte und Tätlichkeiten bis hin zum widerrechtlichen Entleihen von Büroklammern. Haben die negativen Energien ein Büro erst einmal befallen, ist es meist sehr schwer, sie wieder zu neutralisieren. Trotzdem ist Abhilfe möglich. Dazu lässt man sich nach Feierabend unbemerkt in den Firmenräumlichkeiten einschließen. Mit den Methoden der Sheng-Fui-Geopathologie wird nun die Mobbingachse des Büros bestimmt. Entlang dieser Achse befestigt man an einer Leine einige getrocknete Pilze der Gattung Morchellaceae. Anschließend werden die Pilze im 3-Minuten-Abstand entzündet. Augenblicklich breitet sich ein – zugegebenermaßen etwas strenger – Geruch im Büro aus, der sämtliche negativen Energien des Arbeitsplatzes bindet. Sicherheitshalber sollte nach der Zeremonie zwei Wochen lang nicht gelüftet werden.

Wer nur damit beschäftigt ist, andere zu beherrschen, kann sich nicht selbst beherrschen.

Empfehlung für
Mahnbriefe

Im Umgang mit Kunden, Lieferanten und Behörden gibt es zahlreiche Verstimmungsfallen auf der wichtigen fünften Schwingungsebene. So beklagen beispielsweise fast alle deutschen Unternehmen die nachlassende Zahlungsmoral der Kunden.

IN SOLCHEN FÄLLEN hilft nur ein einfühlsames und dennoch konsequentes Mahnwesen.

Aber Achtung: Mahnungen sind negative geschäftliche Energie! Sie sollten deshalb mit den Füßen geschrieben werden. Negative Energien werden durch den Körper nach unten gelenkt und können direkt in die unangenehme Korrespondenz fließen. Der Vorteil: Der Mahner verliert seine negative Energie (Hass, Wut, Enttäuschung) und überträgt diese auf den Gemahnten (Hass, Wut, Enttäuschung). Im Sheng Fui spricht man deswegen auch vom HWE-Prinzip (Hass, Wut, Enttäuschung).

 Das schnellste Pferd kann den Esel nicht einholen, wenn dieser Rollschuhe trägt.

Kräuterbrühe gegen Hyperaktivität

Tausende von Müttern und Vätern fühlen sich jeden Abend wie gerädert. Doch nicht ein anstrengendes Sportprogramm oder die harte Arbeit sind schuld: Vielmehr sind es die eigenen Sprösslinge, die den Eltern den letzten Nerv rauben.

VIELE KINDER LEIDEN an Hyperaktivität (ADS, ADD, POS, BUS) und sind als krankhafte „Zappelphilippe" nur schwer zu bändigen. Gegen die chronische „Aufmerksamkeits-Defizit-Hyperaktivität-Störung" verschreiben Schulmediziner oft Psychopharmaka. Die Folge: Die Kinder mutieren zu gefühllosen, dumpfen Personen, den sogenannten Zombie-Kids. Für alle Beteiligten eine schreckliche Erfahrung!
Hyperaktiven Kindern sollte zum Mittag besser eine dünne Brühe mit einigen wenigen

eingestreuten Chiatsu-Wurzeln serviert werden. Die Suppe sollte, wegen der verlängerten Rezeption über die Mundschleimhäute, mit Essstäbchen gegessen werden. Wegen des manchmal verlangsamten Zeitablaufs kann im Anschluss daran das normale Abendessen serviert werden.

WUSSTEN SIE SCHON, dass das mythische Kaninchen des Todes das letzte Tier auf Noahs Arche war?

Egal wohin man geht, da ist man dann.

Mind-Building
durch Sheng Fui

Viele wollen es nicht wahrhaben, aber die Macht des Geistes steckt in jedem von uns. Durch gezielte Sheng-Fui-Übungen (SF-Mind-Building-Programm) kann der Geist zielgerichtet gekräftigt und dauerhaft gestärkt werden.

EINE EINFACHE ÜBUNG ist die Train-Challenge. Setzen Sie sich dazu mit Ihrer Lieblingszeitung auf die Gleise einer regelmäßig befahrenen Bahnstrecke. Sorgen Sie für eine bequeme Sitzgelegenheit und widmen Sie sich entspannt Ihrer Lektüre (keinen aufregenden Lesestoff wählen). Achten Sie nicht auf den Bahnfahrplan und eventuell störende akustische Einflüsse (es kommt immer wieder zu Störungen durch „gutmeinende" Sheng-Fui-unkundige Passanten). Beenden Sie die Übung erst, wenn Sie genug gelesen haben und sich ein angenehmes Befreiungsgefühl breitmacht.

YOGA IM BÜRO Teil 8

Der Pelikan

Für diese Yoga-Übung wird das Notebook frontal auf den Fußboden gelegt. Der Oberkörper beugt sich zum Schreibgerät hinab. Das linke Bein wird nach hinten ausgestreckt und bildet die Verlängerung der Wirbelsäule. Der rechte Fuß bleibt vollständig auf dem Boden. Nun wird der Standardtext nach Dr. Blauert 25-mal in mäßigem Tempo abgeschrieben. Achten Sie darauf, dass es zu keiner Verspannung in der Nacken- und Schultermuskulatur kommt. Um Hormonschwankungen im Kollegenkreis zu vermeiden, sollte diese Übung mit dem Rücken zur Wand durchgeführt werden.

Wer zum Lachen in den Keller geht, sollte zum Weinen auf den Dachboden gehen.

Pendel zur Bestimmung des exakten Sterbezeitpunktes

Die feinsten Messinstrumente und Indikatoren sind seit jeher die Menschen selbst. An dieser Tatsache kann auch unser High-Tech-Zeitalter mit Mikroelektronik und Nanochips nichts ändern.

SO KANN EIN Pendel als Verstärker unbewusst aufgenommener Einflüsse dienen und Kundigen über viele Aspekte unseres Lebens Auskunft geben. Und mit etwas Übung kann die Kunst des Pendelns von jedermann erlernt werden.

In der Vergangenheit konnte man mittels radiästhetischer Messungen bereits eine Vielzahl von Krankheitsparametern bestimmen. Unser revolutionär neues Pendel macht nun auch eine minutengenaue Bestimmung des Sterbezeitpunktes möglich.

Dazu wird der Prüfling in das Pendel ge- sowie in Schwingungen versetzt und die Messung gestartet. Unterhalb des Pendels befindet sich eine Tafel mit den Kalenderdaten der Zukunft. Zunächst wird das Sterbejahr ausgependelt, danach Sterbemonat und Wochentag des Ablebens. Für das Auspendeln von exakter Todesstunde und Todesminute sind etwas Fertigkeit und Erfahrung mit dem Messinstrument vonnöten. Doch auch dies gelingt rasch dank des ausführlichen Handbuchs, welches dem Pendel beiliegt. >

In der grenzenlosen Leere bleibt nur das Nichts und selbst das ist dann nicht mehr da.

WUSSTEN SIE SCHON, dass aggressiv geladene Pendel auch zurückschlagen können?

Hat man das Sterbedatum erfolgreich ermittelt und liegt dies in unmittelbarer Zukunft, können sogleich alle wichtigen Schritte wie Abmeldung der Wohnung, Kündigung von Telefon und GEZ sowie Benachrichtigung der Erben eingeleitet werden.

Aus gegebenem Anlass folgender Hinweis: Trotz aller Betriebsamkeit in derartigen Situationen sollte nicht versäumt werden, sich angemessen und in Würde vom Ablebenden zu verabschieden.

YOGA IM BÜRO Teil 9

Der Erfolgreichmacher

Gerade im unteren und mittleren Management herrscht ein gnadenloser Wettbewerb. In diesem „Survival of the Fittest" überleben nur die mit den stärksten Nerven und den ausgeprägtesten Ellenbogen. Wollen Sie dazugehören?

Suchen Sie vor Dienstbeginn einen Sportplatz auf. Die Bahnen der Kurzstreckenläufer speichern meist noch ausreichend Restenergie, um den einen oder anderen Karriere-Konkurrenten zu überholen oder, falls dies nicht möglich ist, zumindest ins Strauchen zu bringen.

Setzen Sie sich in aufrechter Haltung zwischen die Markierungen der Bahnen, legen Sie sich Ihre Aktentasche auf den Kopf und nehmen Sie eine entspannte Haltung ein. Achten Sie auf die Balance der Aktentasche. Fällt diese herab, muss die Übung wiederholt werden.

Die komplette Übung dauert inklusive der Vorbereitungen gerade mal 23 Minuten, so dass sie für jedermann bequem in die Morgenroutine zu integrieren ist.

 Der Zeitpunkt des Handelns kann jederzeit aufgeschoben werden.

Liebe – Familie – Partnerschaft

INHALT

Unfruchtbarkeit ist heilbar

Viele Paare leiden auf Grund verschiedener medizinischer Indikationen unter fortgesetzter Kinderlosigkeit. Steter Frust und Beziehungsprobleme sind die Folge; oftmals kommt es zur vorzeitigen Trennung des Paars.

EINE EINFACHE SHENG-FUI-ÜBUNG

kann für den gewünschten Nachwuchs sorgen: In der ersten Vollmondnacht jedes Monats muss sich das betroffene Paar jeglicher geschlechtlichen Aktivität enthalten. Stattdessen nimmt die Frau für dreimal je 30 Minuten die beschriebene Position ein. Zur Verstärkung der Wirkung sollte lila/violettfarbene Kleidung (besser: Bodypainting) getragen werden. Und so funktioniert es: Violett ist bekanntermaßen die Farbe mit der höchsten Schwingungszahl. Als Mischfarbe aus Blau (männlich) und Rosa (weiblich) symbolisiert Lila das Aufeinandertreffen von Mann und Frau, das beim Geschlechtsakt in der Zeugung neuen Lebens kumuliert. Die Lage mit Rundrücken sowie angezogenen und umschlossenen Knien versinnbildlicht das Ei, das als ältestes Fruchtbarkeitssymbol gilt. Zusammengenommen entsteht eine der wirksamsten Sheng-Fui-Übungen gegen Unfruchtbarkeit.

Unser Dank gilt Frau Elisabeth Herbst, Essen, die sich für dieses Bild zur Verfügung gestellt hat. Dank der konsequenten Anwendung der beschriebenen Übung hat Frau Herbst nach langer Zeit der Kinderlosigkeit im Alter von 63 Jahren ihr erstes Kind bekommen. Dem stolzen Elternpaar unseren allerherzlichsten Glückwunsch!

Mit dem Tuche, das man nicht hat, kann man beim Abschied nicht winken.

Frühkindliche Hyposensibilisierung gegen
Mikrostrahlung

Gerade bei Kindern häufen sich in den letzten Jahren gesundheitliche Probleme, die auf ein angegriffenes Autoimmunsystem zurückzuführen sind.

EXTRA TIPP

WISSENSCHAFTLER FÜHREN DIES auf Emissionen sowie auf die zunehmende Belastung durch Strahlen aller Art (Elektrosmog) zurück. Für zusätzliche Belastung sorgen die zahlreichen noch in Betrieb befindlichen Atomkraftwerke durch sogenannte Mikrostrahlung.
Eine Sheng-Fui-Hyposensibilisierung führt, ähnlich der konventionellen Heuschnupfentherapie, zu einer Immunisierung des kindlichen Abwehrsystems gegen atomare Mikrostrahlung.
Dazu sollte man seine Kinder in der wichtigen Entwicklungsphase zwischen 3 und 12 Jahren dreimal die Woche in die Nähe eines Atomkraftwerkes bringen und sie kontrolliert der dort vorherrschenden Mikrostrahlung aussetzen. (Erwachsene Begleiter sollten sich für die Dauer der Exposition von der Strahlungsquelle entfernen.)
Die Zeiten können von anfänglich 5 Minuten bis auf 3 Stunden ausgeweitet werden. Individuelle Therapiepläne werden nach der Anamnese im Rahmen einer Sheng-Fui-Beratung erstellt.

Wenn die Sonne untergeht, verschwinden die Schatten.

Kinder und das
traditionelle Löffel-Bagua

Kinder sind besonders empfänglich für äußere Einflüsse.
Ein unterstützendes Umfeld erleichtert das Kindsein in den
ersten Jahren ungemein.

MITHILFE DES traditionellen Löffel-Baguas können – ähnlich den traditionellen Rutengängen der westlichen Zivilisation – ideale Schlaf-, Lern- und Kreativitätszonen für Kinder ermittelt werden.

Diese Zonen sind besonders geeignet, Problemen mit Kindern und Heranwachsenden von 0 bis 12 Jahren zu begegnen. Das Kind hängt sich dazu einen Löffel über die Nase und schreitet die betreffenden Zimmer im langsamen Schritttempo ab. Die idealen Zonen machen sich durch ein deutliches Schweregefühl des Löffels bemerkbar.

FINGER-YOGA FÜR UNTERWEGS

Sheng-Fui-Yoga ist mittlerweile ein integraler Bestandteil der TCSFM (Traditionelle Chinesische Sheng-Fui-Medizin) und erfreut sich auch in Europa einer stetig wachsenden Beliebtheit. Schon lange bestand der Wunsch nach einem Übungsprogramm, das sich in den von Hast und Hetze geprägten Alltag des durchschnittlichen Westlers integrieren lässt und auch bequem in Auto, Bus und Bahn bewältigt werden kann.

Da im SFY (Sheng-Fui-Yoga) die einzelnen Finger verschiedenen Organen zugeordnet sind, konnten wir ein komplettes Yoga-Programm zusammenstellen, für das ausschließlich die Hände benötigt werden. Sie benötigen keine Hilfsmittel wie Hanteln oder Gewichte. Sogar auf die obligatorische Yogamatte, für deren Pflege kostspielige Haarspülungen notwendig sind, sowie auf Texthefte wird verzichtet.

 Die Tränen unserer Kinder sind das Salz in der Suppe des Bösen.

Reiki für Kinder mit ADS/ADHS

Immer mehr Kinder in Deutschland tyrannisieren ihre Erziehungsberechtigten durch fortgesetzt renitentes Verhalten.

WÄHREND DIE ELTERN ihre letzten Ersparnisse opfern, um die „lieben Kleinen" optimal zu fördern, verweigern diese oft schon die kleinsten Dienste. So gibt es in Deutschland kaum noch Kinder, die das Weihnachtsmenü kochen, die Kohlen aus dem Keller holen oder die Winterreifen aufziehen. Selbst das Taschengeld (das wir uns früher immer selbst verdienen mussten) wird heutzutage in der Regel ohne jede Gegenleistung ausgezahlt. Der Dank dafür sind meist schamlose Forderungen nach immer ausgefeilterer Unterhaltungselektronik und das Wohnzimmer blockierenden Telespielgerätschaften.

Gedeckt von willfährigen Ärzten, die Krankheiten wie ADS/ADHS diagnostizieren, treten die Kinder unverschämt auf und widersetzen sich jeglicher Autorität. Schließlich haben sie mit ihrem „Aufmerksamkeitsdefizitsyndrom" die perfekte Ausrede für ihr zumeist flegelhaftes Verhalten.

Gleichzeitig konstatieren Pädagogen und PISA-Forscher eine wachsende Bildungsmisere. Doch jetzt gibt es endlich ein Heilmittel für derartige Sorgenfälle: Bei dem mit „Handauflegen" nur unzureichend übersetzten **Reiki für Kinder** führt ein Erwachsener in einer ruckartigen Vorwärtsbewegung die Hand zur Wange des Erkrankten, bis es zur Berührung kommt.

Die Übung ist sauber durchgeführt worden, wenn ein deutliches Klatschgeräusch entsteht und es beim Patienten infolge eines Energieabflusses zu einer spontanen Absonderung von Tränenflüssigkeit kommt. Bereits wenige derartige Behandlungen reichen, um eine spürbare Verhaltensänderung zu bewirken.

WEISHEITEN DES MEISTERS:

»Wo Worte versagen, kann selbst das Wasser nicht den Berg hinabfließen.«

 Alles ändert sich, doch nichts wird anders.

?

WUSSTEN SIE SCHON, dass man Buddha keineswegs durch Margarine ersetzen sollte?

Meditations-kissen für Männer erhältlich

DAS KLASSISCHE MEDITATIONSKISSEN entstammt der chinesischen Zentradition. Es verfügt über einen stabilen Drillichbezug und ist mit einem Gemisch aus Bio-Dinkelspelz, Buchweizenschalen und Kapok („China-Müsli") gefüllt. Bereits nach kurzem Gebrauch passt es sich optimal der Körperform an und bietet optimale Eigenschaften für einen gesunden und erholsamen Schlaf. Durch seine flexible Füllung bietet es gerade dem Ungeübten wertvolle Unterstützung im Bereich Nacken, Halswirbelsäule und Rücken. Dadurch kommt es zur erwünschten Tiefenentspannung der oftmals verhärteten Muskulatur.

Bei einer entspannenden Tiefenmeditation ist ein leichter Speichelaustritt ganz normal. Deshalb ist der extrastabile und dennoch pflegeleichte Bezug waschbar bei 95 Grad (Kochwäsche). So können auch kleine „Unfälle" nach ausgedehnten Besuchen in gastronomischen Begegnungsstätten beseitigt werden. Zurzeit ist das Meditationskissen für Männer in der Farbe Schokolade erhältlich. Für den Herbst erwarten wir noch die Farben Champagner, Bordeaux und Bier.

Das Meditationskissen ist nicht das weiße „Ding", auf dem die Fernbedienung liegt, sondern die braune Unterlage für den Kopf.

Hüte dich vor Männern, deren Bauch beim Lachen wackelt.

Ableiten von Zwängen

Unsere Konsumgesellschaft ist geprägt von zwanghaftem Verhalten. Frauen mit einer Vorliebe für Schuhe besitzen z. B. oft mehr als zwanzig Paar mehr oder minder modischer Gehwerkzeuge.

Bei labilen Personen füllt sich der Schrank leicht mit dreißig, vierzig und sogar über fünfzig Paaren. Viele besorgte Männer fragen sich, wie sie ihre Partnerin von den selbstgefährdenden Kaufattacken befreien können. Entzug der Kreditkarte, Verweigerung von Zärtlichkeiten, Abschaffen der Putzhilfe: alles Maßnahmen, die nicht lange vorhalten …

Die Lösung: Ein aufgesetzter Trichter (behelfsweise Lampenschirm) kanalisiert jegliche Zwänge und leitet sie seitlich vom Körper ab. Nach einer akuten Anschaffungsorgie sollte sich die Patientin wie im Bildbeispiel für eine halbe Stunde in einer Ecke postieren. Für eine bessere Wirkung werden einige Objekte der Begierde zur Pyramide aufgebaut. Nach wenigen Tagen sollte das Problem erledigt sein.

FINGER-YOGA FÜR UNTERWEGS
Teil I

Das traurige Flusspferd

Den Anfang unseres Schnellkurses macht die Übung „Das traurige Flusspferd", welche gezielte Hilfe bei Migräne, Reizbarkeit und Schwermut verspricht. Die hochwirksame Übung kann mit einem energetischen Auftanken (bleifrei) verglichen werden. Richtig angewandt führt sie zu einer positiven Grundeinstellung und fördert die emotionale Stabilisierung.

 Wenn du gehst, gehe. Wenn du sitzt, sitze. Wenn du schwankst, dann schwanke.

Die Opaklappe

OPIAUSSETZUNGEN UND OPITÖTUNGEN

sind die traurige Realität in unserer altenfeind-
lichen Gesellschaft, in der nur Jugendlichkeit und
Leistungsfähigkeit zählen. Die meisten Entsor-
gungspläne und Tötungsabsichten reifen, wenn
der Großvater nicht mehr als Allroundhelfer im
Haushalt benötigt wird oder als gemütlichkeits-
förderndes Wohnraum-Accessoire im Schau-
kelstuhl dienen kann. Am Sankt-Michaelis-Kran-
kenhaus in Hamburg wurde nun Deutschlands
erste Opaklappe eröffnet. Der Großvater kann
anonym durch eine Klappe in ein Bett (mit Rheu-
madecke) gelegt werden. Wenige Momente nach
Schließen der Opaklappe wird ein elektronischer
Alarm aktiviert, der das Hilfspersonal verstän-
digt. In der Zwischenzeit können die Angehöri-
gen in Ruhe und unerkannt weggehen: Opa ist in
sicheren Händen und wird umgehend versorgt.
Das Abspielen von volkstümlicher Musik und das
Bereitstellen stimulierender Bildheftchen helfen
Opa bei der Gewöhnung an die neue Umgebung.

**FINGER-
YOGA
FÜR
UNTERWEGS**
Teil 2

Die vorwitzige Gazelle

Bei dieser Übung wird der Druck auf
den Oberbauch verstärkt und dadurch
die Funktion des Darms reguliert und
gestärkt. Des Weiteren werden die
Rücken- und Gesäßmuskeln gekräftigt.
Innerhalb von kürzester Zeit verschwinden auf diese Weise eventuell bestehende Rücken- und Ischiasschmerzen.
Die vorwitzige Gazelle wirkt stark
aktivierend. Sie öffnet die Chakren in
der Sushumna- und Vishuddha-Ebene.
Sie verhilft dem Ausführenden zu einer
jugendlichen Figur, hält die Haut glatt
und entspannt und stärkt Haar und Zäh-
ne. Das Absolvieren der Übung in der
Öffentlichkeit entwickelt zudem Selbstbewusstsein, Willenskraft und Durchset-
zungsvermögen.

Manchmal heißt die letzte Hoffnung Hoffnung.

Energy-Refresher sorgt für
Glückshormone beim Mann

In vielen Beziehungen stellt sich nach einiger Zeit eine gewisse emotionale Ermüdung ein, was von Paartherapeuten als durchaus normal bezeichnet wird. 85 Prozent der in einer festen Partnerschaft lebenden Frauen jenseits des 28. Lebensjahrs leiden jedoch unter einer ernsthaften Gefühlsstörung.

TYPISCH FÜR DIE Erkrankung sind unter anderem Gleichgültigkeit gegenüber Actionfilmen, Desinteresse an Fußballübertragungen und die Verweigerung körperlicher Zuwendung.

Ja, schlimmer noch: Widerworte und ständige Nörgeleien machen den Alltag mit einer Erkrankten zu einer echten emotionalen Herausforderung. Außerdem wird der Haushalt zugunsten ausgedehnter Einkaufstouren vernachlässigt, sodass sich im Wohnzimmer allergieauslösende Staubnester bilden. Spätestens jetzt ist der Tatbestand der Selbstgefährdung gegeben, der ein Eingreifen des Partners erforderlich macht.

WEISHEITEN DES MEISTERS:

»Wer fortwährend nach seiner Mitte sucht, sollte sich nicht über seine schmutzigen Gedanken wundern.«

Schieben Sie Ihre bessere Hälfte beherzt, aber dennoch vorsichtig in den Energy-Refresher und belassen Sie sie dort für mindestens zwei Stunden. Die einzigartige Konstruktion des Geräts stimuliert das Nervensystem des ganzen Körpers und aktiviert die körpereigene Produktion von Glückshormonen: Beim Betrachten der Partnerin im Energy-Refresher werden Sie sofort merken, wie gut ihr das tut und wie spürbar infolgedessen Ihre Stimmung steigt!

Du wirst nie über die Runden kommen, wenn du die Schlanken schon nicht schaffst.

Jetzt neu:
Sheng-Fui-Sorgenpüppchen

VIELE MENSCHEN NEHMEN abends ihre Sorgen mit ins Bett: Sorgen um die wirtschaftliche Zukunft, das künftige Wohlergehen oder das Schmelzen von Polkappen und Aktiendepots. Die Folge der vielen Sorgen sind manifeste Einschlafprobleme und ein schlechter sowie viel zu kurzer Schlaf.

Als probates Mittel gegen Sorgen aller Art erweisen sich die original Sheng-Fui-Sorgenpüppchen aus Guatemala, die in Deutschland in zertifizierter Kinderarbeit nach Originalplänen gefertigt werden!

Erzählen Sie Ihrem Sorgenpüppchen abends vor dem Einschlafen alles, was Sie bedrückt. Dazu legen Sie das Püppchen neben, auf oder unter das Kopfkissen. Am nächsten Morgen ist das Püppchen dann immer noch da, aber alle Ihre Sorgen sind verschwunden.

EXTRA TIPP

Machen Sie es nicht wie der Kunde auf der Abbildung. Die Zigarette vor dem Einschlafen könnte dafür sorgen, dass dem Sorgenpüppchen regelrecht die Luft ausgeht und Sie am Ende eine Sorge mehr haben …

Es ist nie zu spät, es sei denn, es ist wirklich zu spät.

Bananen-Bagua gegen erektile Dysfunktion

Im Sheng Fui wird jedem Obst und Gemüse ein konkreter Körperteil zugeordnet (z. B. Kokosnuss – Kopf).

DURCH DIE HERSTELLUNG eines innigen physischen Kontaktes zwischen erkranktem Körperteil und korrespondierendem Obst- und Gemüsestück kann der gestörte Energiefluss positiv beeinflusst und – unter Idealbedingungen – restlos wiederhergestellt werden.

Bei erektiler Dysfunktion des Mannes sollte der Bedecktsamer aus der Familie der Musaceae jedoch nicht auf das beste Stück gelegt werden (häufiger Therapiefehler bei Selbstmedikation). Vielmehr wird die Banane direkt auf dem Kopf platziert und somit die Hormonstimulierung im linken Hirnvorderlappen (Cortex sexualis) angeregt.

 Mut und Zuversicht sind zwei Geschwister und ihre Mutter heißt Hoffnungslosigkeit!

Chinesisches Wohlfühlpflaster
für Männer

Ein neues Produkt aus der Sheng-Fui-Wellness-Line erregt Aufsehen: **der LadyDimmer 2000™**. Dabei handelt es sich um ein auf der traditionellen chinesischen Medizin basierendes Wohlfühlpflaster, welches die narrativen Reflexzonen der Frau dämpft.

DIE AUF AUSGESUCHTEN Inhaltsstoffen wie Eukalyptus-Essig, Agaricus-Pilz, Turmalin-Pulver und hochwirksamem Spezialklebstoff basierende Dämpfung hat wohltuende und gesundheitsfördernde Wirkungen auf den ganzen Körper des Mannes, vor allem aber auf sein empfindliches Hörorgan.

Die Anwendung des chinesischen Wohlfühlpflasters ist denkbar einfach: Unterziehen Sie die andersgeschlechtliche Erregerin zunächst einer gründlichen Reinigung mit Jojoba-Öl und Waschbenzin. Dies verstärkt die positive Wirkung des Wohlfühlpflasters. Bekleben Sie nun das Störobjekt gemäß der beiliegenden Anleitung mit den Wohlfühlpflastern. Schon nach kurzer Zeit werden Sie spüren, wie sich im ganzen Haus eine wohltuende Harmonie ausbreitet. Wir empfehlen, die Behandlung sieben Tage hintereinander durchzuführen.

WEISHEITEN DES MEISTERS:

»Auch die längste Reise endet mit dem letzten Schritt.«

Wer öfter in sich geht, kann sich bös verletzen.

Eine Chance für die Liebe dank
Sheng-Fui-Hologramm-Kugeln

Das Prinzip der HSR (Holographische Schwingungs-Resonanz) wird von der Schulphysik bis heute hartnäckig geleugnet.

DIES DÜRFTE BALD ein Ende haben: Im Rahmen 12-jähriger Studien und Feldversuche entdeckten wir die energetisch hochwertvollen Hologramm-Kugeln und konnten so die Existenz derartiger feinstofflicher Vorgänge zweifelsfrei beweisen!

Die perfekte Form für holographisches Bewusstsein ist bekanntlich die Kugel: Das Symbol der Vollkommenheit kann dank der räumlichen Kreisform wie keine andere geometrische Figur Schwingungsresonanzen aufnehmen und energetisch angereichert wieder an die Außenwelt abgeben.

In einem komplizierten Verfahren werden einer holographischen Lösung Rosenquarz-Kristalle verschiedener Stärke beigemischt. Auf diese Weise imprägnieren wir die späteren 3-D-Kugeln mit den Informationen des seit Jahrtausenden bekannten Heilsteins. Der Rosenquarz verleiht dem Anwender mehr Zeugungskraft und Fruchtbarkeit und harmonisiert die sexuellen Wünsche in der Partnerschaft. Auf diese Weise entstehen Hologramm-Kristalle, welche völlig neue Dimensionen für die körperliche und körperlose Liebe eröffnen. Die Holographische Schwingungs-Resonanz versorgt Sie mit den zarten Banden der Zuneigung und mit körperlichem Begehren – also mit dem ganzen Reichtum des universellen Hologramms der Liebe.

Zur Anwendung: Unser im Shop bestellbares HSR-Kugel-Set enthält die mit Rosenquarz angereicherte holographische Lösung und einen speziellen Ring. Tauchen Sie den Ring in die Lösung und pusten Sie vorsichtig gegen den Ring. Jetzt entsteht eine Blase, bestehend aus einem dünnen (bipolaren) holographischen Lösungsfilm, an dem sich innen und außen Rosenquarzmoleküle anlagern, mit einer der Lösung zugewandten polaren, hydrophilen Carboxylat-Gruppe und einem der Lösung abgewandten unpolaren, hydrophoben Alkylrest (der Aufbau ähnelt dem von Biomembranen).

ACHTUNG: Schicken Sie die Hologramm-Kugeln nur in Richtung gewünschter Begierdeobjekte, um unerwünschte Nebenwirkungen zu vermeiden. Sehen Sie wegen der nicht zu kontrollierenden Folgewirkungen für alle Beteiligten außerdem von der Verwendung auf Partys oder Massenveranstaltungen ab.

Du kannst kein Buch öffnen, ohne es aufzuschlagen.

WUSSTEN SIE SCHON, dass man einen Kamin vor dem Ausräuchern stets ausräuchern sollte?

Energiefluss für sich nutzen

Nach der Sheng-Fui-Systematik profitieren Menschen am meisten von Orten mit spannungsgeladenen Energiefeldern.

DIESE FELDER ENTSTEHEN vor allen Dingen dort, wo gegensätzliche Energieströme aufeinandertreffen. Deshalb ist es aus energetischer Sicht vollkommen sinnlos, die Liebeserklärung oder gar den Heiratsantrag an einem schönen Frühlingstag auf einer bunten Blumenwiese vorzutragen. An diesem Ort würden die positiven Gefühlsenergien auf positive Umweltenergien treffen. Die Folge: ein substanz- und wirkungsloses Energierauschen. Zweckmäßiger wäre hier eine Verlagerung an einen energetisch negativ geladenen Ort. Das Aufeinandertreffen von negativen und positiven Energieströmen führt zu einem energetischen Funkenflug, von dem sowohl Mann als auch Frau profitieren.

Wer viel fragt, weiß oft die Antwort nicht.

Frischzellenkur
für die Beziehung

MIT SHENG FUI kann jeder seine Partnerschaft fördern. Oft helfen schon kleine äußere und innere Veränderungen, um das seit Jahren abgenutzte und erschlaffte Liebesleben wieder zu aktivieren. Modische Accessoires in traditioneller chinesischer Schwarz-Weiß-Symbolik – man denke nur an das berühmte Yin-Yang-Symbol – versprechen den meisten Erfolg. Ihr Sheng, und vor allem Ihr Fui, werden es Ihnen danken!

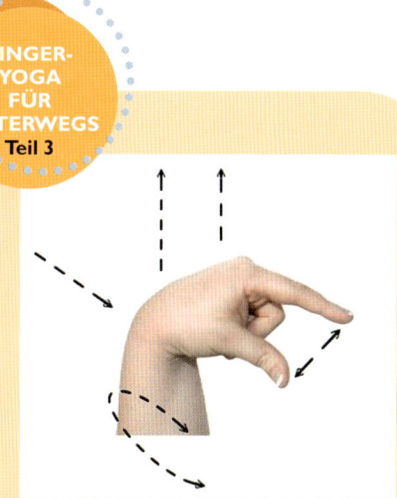

Der verliebte Schmetterling

Der „verliebte Schmetterling" führt Körper, Geist und Seele zur absoluten Harmonie und steigert die sexuelle Anziehungskraft. Die Übung verschafft dem Ausführenden den Zugang zur emotionalen Intuition und zu den Tiefen des Selbst. Achtung: Falsch angewandt führt die Übung zur Verpolung der Chakrenzentren, was eine Umlenkung der geschlechtlichen Neigungen auf Haushaltsgeräte zur Folge haben kann.

Wo Worte versagen, kann selbst Wasser nicht den Berg hinauffließen.

Mantra des Jahres:

Schienenersatz-verkehr

EXTRA TIPP

Im Sheng Fui gehört das Rezitieren bestimmter Mantras zum Pflichtprogramm wie der morgendliche Abruf der Tagesweisheit von Meister Tse-Tang (dem Älteren) auf der Internetseite www.sheng-fui.de.

DAS REPETITIVE AUF-SAGEN eines bestimmten Wortes setzt ungeahnte spirituelle und mentale Energien frei, falls man das jeweils richtige Mantra wiederholt. Dabei kommt es keineswegs auf die Lautstärke an (ein Mantra kann still, flüsternd, murmelnd, singend oder schreiend rezitiert werden), sondern ausschließlich auf das richtige Timing.

So liegen beim heutigen, das Element Feuer (sexuelle Energie) stärkenden Mantra „Schienenersatzverkehr" die Betonungen auf den Silben „Schie" und „ver". Um nennenswerte Erfolge zu erzielen, sollte das Mantra mindestens elf Minuten lang rezitiert werden.

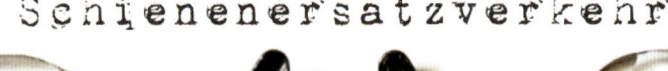

 Wenn du immer alles richtig machst, wirst du nie erfahren, was falsch ist.

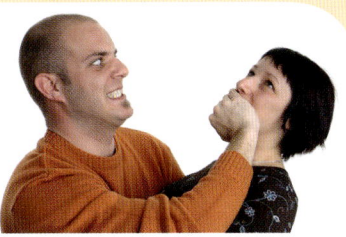

Zertifizierter Schweige-Fernlehrgang nach Sheng Fui

Wir freuen uns, das Programm der Sheng Fui Academy™ um ein interessantes Seminarangebot erweitern zu können.

FÜR UNSEREN ZERTIFIZIERTEN Schweige-Fernlehrgang nach Sheng Fui konnten wir mit Meisterin Sylvia eine in Fachkreisen anerkannte Schweigeexpertin gewinnen.
Die gelernte Schauspielerin ist über die Grenzen Europas hinaus bekannt und steht unter anderem für die Renaissance des Stummfilms.
Über den genauen Ablauf des Seminars schweigt sich die Meisterin derzeit noch aus. Aus Erfahrung wissen wir jedoch, dass es viele hilfreiche Partnerübungen (siehe Bild) geben wird. Bei erfolgreich bestandener Abschlussprüfung winkt das Zertifikat zum Diplom-Schweiger der Sheng Fui Academy™.

Heilkraft der Edelsteine (4): Der Ziegelstein

AUCH IN DER Sheng-Fui-Paartherapie wird die Heilkraft der Edelsteine von Ärzten und Psychologen genutzt.
So hilft der abgebildete **Ziegelstein,** festgefahrene Situationen zu bereinigen und noch sensibler die Gefühle niedergeschlagener Menschen und deren Ausstrahlung wahrzunehmen. Damit wird das Band, das die Partner verbindet, einmal mehr beziegelt.

Es ist besser, zu sich zu stehen, als anderen auf der Tasche zu liegen.

Umfrage:
Worauf setzen Sie bei Partnerschaftskonflikten mit „ihr" zuerst?

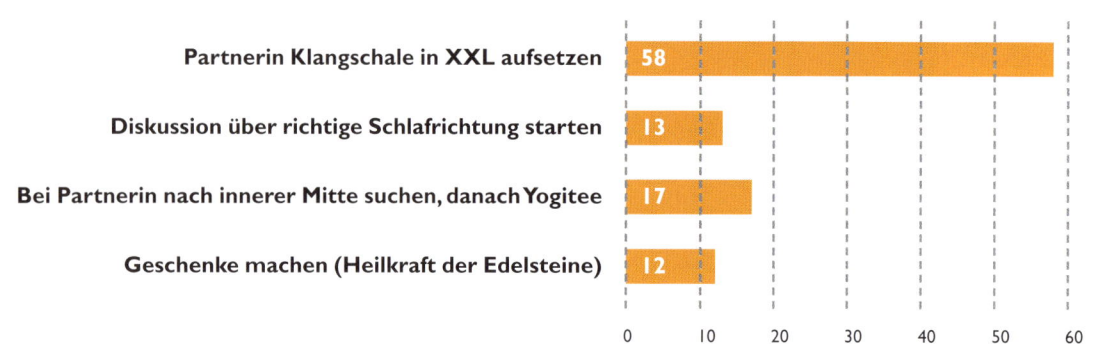

Partnerin Klangschale in **XXL** aufsetzen — 58

Diskussion über richtige Schlafrichtung starten — 13

Bei Partnerin nach innerer Mitte suchen, danach Yogitee — 17

Geschenke machen (Heilkraft der Edelsteine) — 12

(0 10 20 30 40 50 60)

FINGER-YOGA FÜR UNTERWEGS Teil 4

Der herrschsüchtige Truthahn

Der „herrschsüchtige Trut-hahn" gehört zu den yoga-therapeutischen Übungen, welche die Körperspannung auf wohltuende Art und Weise modulieren und die verschränkten Chakren lösen. Durch die einfache Anwendbarkeit (siehe Schaubild) kann der Trut-hahn nahezu unbemerkt in der Öffentlichkeit und bei der Arbeit (z. B. während eines Verkaufsgesprächs oder beim Einsatz als Erntehelfer) durchgeführt werden.

Beliebt ist der herrschsüch-tige Truthahn bei Teens und Twens wegen einer besonderen Nebenwirkung: Während der Adoleszenz bekämpft er wirksam die gefürchtete Acne vulgaris.

Wer beizeiten viele Schätze anhäuft, ist bald ein reicher Mann.

福

Vom Umgang mit Ex-Partnern

Fast jeder Erwachsene in der westlichen Welt hat bereits die eine oder andere Partnerschaftserfahrung hinter sich.

SOWOHL BEI VERHEIRATETEN als auch bei unverheirateten Paaren ist ein statistisch signifikanter Trend zu beobachten: Die durchschnittliche Verweildauer innerhalb der Partnerschaft oder Ehe nimmt rapide ab. So hat nahezu jeder Erwachsene eine oder mehrere gescheiterte Liebesbeziehungen auf seinem Lebenskonto.

Jede gescheiterte Beziehung löst schädliche Aurendissonanzen aus, die sich in Aurenlöchern manifestieren. Im schlimmsten Fall kann eine Aura derart löchrig werden, dass sie in sich zusammenfällt. Was dies bedeutet, kann sich jeder selbst ausmalen …

Dem Prozess des Aura-Lochfraßes kann entgegengetreten werden, indem für jede verbrauchte Beziehung ein künstlicher (Puppen-)Kopf verwahrt wird. Die negative Energie des Scheiterns wandert dann in diesen Kopf und hält sich von der eigenen Aura fern.

Alle Köpfe sollten in einer ausreichend großen, gut schließenden Kiste verwahrt werden, die nur geöffnet werden darf, wenn eine neue Beziehung in die Brüche gegangen ist. Man sollte sich jeweils schon zu Beginn der Beziehung mit einem entsprechenden Puppenkopf versorgen.

Nur was wir glauben, zu glauben, wissen wir gewiss.

Technik und Wissenschaft

INHALT

Wie man die Tücken
der Technik meistert

Die Technisierung und Digitalisierung unseres
Lebens schreitet mit Riesenschritten voran.

NAHEZU KEIN LEBENSBEREICH mehr, in dem die Technik nicht Einzug gehalten hat. Haushalt und Küche quellen über vor elektrischen Geräten, das Wohnzimmer ist zum Entertainmentpark mutiert, das Arbeitszimmer wird vom PC dominiert, und unsere Autos sind vollgestopft mit Bordelektronik.

Doch je mehr wir uns mit Technik umgeben, desto mehr entsteht eine fatale Abhängigkeit. Fällt ein Gerät aus, kann dies katastrophale Folgen haben. Beim einen führt das Ausfallen des Herzschrittmachers zu lebensbedrohenden Zuständen, beim anderen ist es der stotternde Styling-Föhn, der ernste Krisen herbeiführen kann.

Um die geomantischen Radiästhesie-Geister gnädig zu stimmen, empfehlen wir die Errichtung eines Schreins, in dem jeden Tag eine neue Opfergabe platziert werden sollte. (Serviervorschlag s. Abb.) Alljährlich am 28. Februar wird das Opfer dann verzehrt.

In der Antwort liegt oft auch die Frage.

Energetische Schädlichkeit von
Barcodes

Wer einmal die negative oder positive Strahlung von Barcodes geprüft hat, kommt aus dem Staunen nicht heraus: Die ständigen Polaritätswechsel sorgen für Peakschwankungen, welche die Energiebilanz empfindlich stören. Es gibt jedoch Möglichkeiten, den schädlichen Auswirkungen der nahezu omnipräsenten Barcodes zu begegnen:

Einfangen
Über und unter dem Barcode eine horizontale Linie ziehen.

Entwerten
Der Barcode wird mit sieben vertikalen Strichen einer anderen Farbe entwertet.

Einkreisen
Im Kreis läuft sich die Barcodeenergie leer.

POWER TIPP

Isokinetisches Muskelmantra

In der westlichen Welt leiden immer mehr Menschen an den typischen Zivilisationserkrankungen wie Rückenschmerzen, Gelenkbeschwerden und Schlaflosigkeit. Der perfekten Beherrschung des Körpers und aller Körperfunktionen kommt im Sheng Fui eine zentrale Bedeutung zu. Das isokinetische Muskelmantra hat sich seit Jahrhunderten als Allzweckwaffe gegen Zivilisationskrankheiten bewährt. Man stelle sich dazu in den frühen Morgenstunden in den Vorgarten, presse die Hände gegeneinander, bis sie weiß werden, und atme nach dem 3:1-Schema (dreimal Luft holen; einmal ausatmen).

 Wenn ein anderer in der Lage ist, dich neidisch zu machen, solltest du dies neidlos anerkennen.

Frisch belebtes Wasser dank
Water Enhancer Deluxe

Im Mittelpunkt des Besucherinteresses der diesjährigen
CEERSF (Conference for Economic and Esoteric Research
in Sheng Fui) stand der neuartige **Water Enhancer Deluxe**.

**DIE TECHNOLOGISCH ANSPRUCHS-
VOLLE** Entwicklung ermöglicht eine voll-
umfängliche Wasserenergetisierung und
Wasservitalisierung. Unser Leitungswasser
mag zwar hygienisch einwandfrei sein, doch
es hat bei der industriellen Aufbereitung
im Wasserwerk nahezu alle energetischen
Grundinformationen verloren. Es ist damit im
Wortsinne „totes" Brauchwasser und sollte
nur im Rahmen der Ausscheidungsentsorgung
(WC) verwendet werden.

Mit dem *Water Enhancer Deluxe* versetzen Sie
das Wasser wieder in seinen energetischen
Originalzustand zurück. Und so funktioniert
er: Ein mit 9.102.631.770 Schwingungen pro
Sekunde oszillierender Quarz versetzt das
herkömmliche Wasser in den Schwingungs-
grad gesunden Quellwassers. Dazu durchläuft
das Wasser eine patentierte Spezialapparatur,
in der über das Rohrleitungssystem die Über-
tragung des Frequenzbandes erfolgt.

Durch die Fähigkeit des Wassers, sich an den
Originalzustand zu erinnern – man spricht von
einem regelrechten Gedächtnis –, wird das

Wasser wieder in seinen Urzustand versetzt.
Der *Water Enhancer Deluxe* kann problemlos
in jedem Raum aufgestellt werden und wird
mit einem leistungsfähigen Dieselaggregat
(12 PS) betrieben. Dies hat den Vorteil, dass
eventueller Elektrosmog sowie der Einfluss
von Mikrowellen, Mobiltelefonen und die
Nähe zu Sendemasten und Gefriertruhen die
anspruchsvolle Wasserbelebung nicht stören
können.

Die Auswirkungen des belebten Wassers auf
den menschlichen Körper sind phänomenal.
Schon mit einem Viertelliter (entspricht 1 Glas)
belebten Wassers haben Sie Ihre Tagesdosis
aller lebensnotwendigen Energieträger und
Botenstoffe aufgenommen!

Wer es besonders gut machen will, hüpft beim
Trinken auf der Stelle und sorgt damit für eine
gleichmäßige Verteilung im Körper.

EXTRA TIPP

SOMMER-SKIFLUGSCHANZE
im chinesischen Lan Tau eröffnet

WENN ES EINES weiteren Beweises für die Meisterleistungen der Architekturkunst nach Sheng Fui bedurft hätte, dann wäre dieser mit der imposanten Sommer-Skiflugschanze im chinesischen Lan Tau wohl erbracht.

Die Geometrie der Schanzenanlage (Länge, Höhe und Neigung des Schanzentischs, Radius und Neigung des Aufsprungbereichs) orientiert sich streng am Sternbild des Großen Pandas.

Mit dem chinesischen Kompass, dem Lo Pan, wurden die entscheidenden Flugbahnparameter bestimmt. Hierzu zählen Anfahrtsgeschwindigkeit, Abflughöhe, aerodynamische Flugqualität und nicht zuletzt der Aufprallfaktor.

Herausgekommen ist eine Sportstätte, die dem Sportler sein ganzes Können abverlangt: Die Einflugluke in den Zielbereich ist eine lediglich 1,20 Meter breite Maueröffnung.

Wegen der anspruchsvollen Konstruktion und der erhöhten sportlichen Herausforderung wurde die Schanze vom Weltskisprungverband für die neue Fünf-Schanzen-Tour zugelassen.

 Es ist keinesfalls besser, reich an Missgeschicken zu sein als arm an Erfolgen.

Endlich telefonieren ohne Elektrosmog und schädliche Handystrahlung

DAS THEMA „HANDYSTRAHLUNG" ist in den westlichen Ländern weitgehend ein gesellschaftliches Tabu. Die Handyhersteller unterdrücken entsprechende Studien, Journalisten, die hierzu recherchieren, bekommen keine Aufträge mehr und Wissenschaftler, die auf diesem Gebiet forschen, verschwinden auf unerklärliche Weise …
Fakt ist: Je nach Strahlungseigenschaften des verwendeten Handys kommt es bereits bei einem fünf- bis siebenminütigen Telefonat zu Strahlenbelastungen, die einem halbstündigen Aufenthalt in einer handelsüblichen Mikrowelle entsprechen. Mit dem neuen Sheng-Fui-Handy „TC Phone 2.0" (im Shop erhältlich) ist erstmals die Aussöhnung des modernen Kommunikationsmittels mit der Bewahrung der menschlichen Gesundheit gelungen. Das schnurgebundene Handy ist unanfällig für Funklöcher und verfügt auch bei längeren Distanzen über eine ausgezeichnete Sprachqualität. Prepaid-Option möglich!

Transzendentales Sheng Fui

In unserem westlichen Denken sind wir sehr stark dem Einzigartigkeitsanspruch und Konkurrenzstreben der Weltanschauungen verhaftet. Im Orient hingegen werden andere spirituelle Weltansichten nicht als Bedrohung aufgefasst, sondern fließen in die eigene geistige Weltsicht ein.

DER INDER SWAMI Maharishi Yogananda, Meister der fliegenden Sterne, hat es wie kein Zweiter verstanden, die Anschauungen des Bhagwanismus, der Transzendentalen Meditation, des Yogas und des Sheng Fui zu einem einzigartigen Religionskonglomerat zu mischen. Dabei ist das sogenannte Transzendentale Sheng Fui entstanden, das im Westen jedoch nur von wenigen Menschen praktiziert wird.

Besonderen Anklang in den Medien haben die „Sheng Fui Flying Excercises" gefunden. Durch das wiederholte Absingen von Sutras (Meditations-Kurzsprüchen) kommt es zu kurzfristigen Schwebezuständen, welche die Grenzen der Physik sprengen. Eine fantastische Erfahrung, die nur wenigen Sterblichen vergönnt ist.

Hinweis: **Während Start und Landung sollten elektronische Geräte und Handys ausgeschaltet bleiben.**

Der Mensch denkt und Buddha lenkt. Der Mensch dachte und Buddha lachte.

Die Todestreppe der Acht (Teil 1)

DIE BEDEUTUNG DER Acht in der Sheng-Fui-Numerologie wurde vor der Eröffnungsfeier der Olympischen Spiele in Peking am 8.8.2008 breit diskutiert. Wir haben im Rahmen einer numerologischen Sitzung nun nochmals die Zahlen ausgelegt. Daraufhin ergab sich ein erschütterndes Bild: die Todestreppe der Acht. Hierbei handelt es sich um das Symbol des energetischen Abschwungs, der Negation und des vorzeitigen Ablebens.

$$1 \times 8 + 1 = 9$$
$$12 \times 8 + 2 = 98$$
$$123 \times 8 + 3 = 987$$
$$1234 \times 8 + 4 = 9876$$
$$12345 \times 8 + 5 = 98765$$
$$123456 \times 8 + 6 = 987654$$
$$1234567 \times 8 + 7 = 9876543$$
$$12345678 \times 8 + 8 = 98765432$$
$$123456789 \times 8 + 9 = 987654321$$

Die Todestreppe der Acht (Teil 2)

LEIDER GIBT ES in bestimmten Kreisen noch Zweifel an der Richtigkeit unserer numerologischen Kurzgutachten. Wir haben (leider anonyme) Zuschriften bekommen, in denen von „purem Aberglauben" die Rede war.

Dabei sind insbesondere die unheilvollen Folgen der Acht ein nicht wegzudiskutierendes Faktum. Mit dem folgenden Ergebnis beweisen wir erneut die Existenz der Todestreppe der Acht.

$$9 \times 9 + 7 = 88$$
$$98 \times 9 + 6 = 888$$
$$987 \times 9 + 5 = 8888$$
$$9876 \times 9 + 4 = 88888$$
$$98765 \times 9 + 3 = 888888$$
$$987654 \times 9 + 2 = 8888888$$
$$9876543 \times 9 + 1 = 88888888$$
$$98765432 \times 9 + 0 = 888888888$$

Das kleine Glück

»Nur wenn du dich selbst liebst, können alle anderen dich gernhaben.«

Der Sheng-Fui-Kreisel

Immer wieder erleben wir in unseren Kursen, dass der Sheng-Fui-Sonnenkreisel völlig falsch ausgeführt wird.

DIES MAG DARAN liegen, dass im verwestlichten „Pudding-Feng-Shui" (Insiderjargon) der Sonnenkreisel auf vordergründige Weise pervertiert wurde. Die plumpe Effekthascherei des „Feng-Shui"-Sonnenkreisels setzt auf Selbstinszenierung und mediale Aufmerksamkeit, vergisst aber die tiefere Bedeutung der rituellen Übung.

Um typische Fehler bei der Anwendung aufzuzeigen, haben wir Bilder von der fehlerhaften und der korrekten Ausführung des Sonnenkreisels gegenübergestellt.

WUSSTEN SIE SCHON, dass Nicht-vergeben-Können eine unverzeihliche Todsünde ist?

Wenn man den Sonnenkreisel falsch ausführt, kommt es zu einer empfindlichen Störung des FoE-Gleichgewichts (FoE = Flow of Energy).

Die daraus resultierenden Folgen wie ein unruhiger Schlaf und brüchige Fingernägel lassen die meisten Patienten erneut ihren „Feng-Shui"-Berater aufsuchen. Und so beginnt oft eine für den „Berater" äußerst lukrative Spirale kostspieliger Behandlungen, die erst mit der Zahlungsunfähigkeit und/oder dem Ableben des Erkrankten endet.

 Hinter scheinbarer Weisheit verbirgt sich oft die größte Tölpelei.

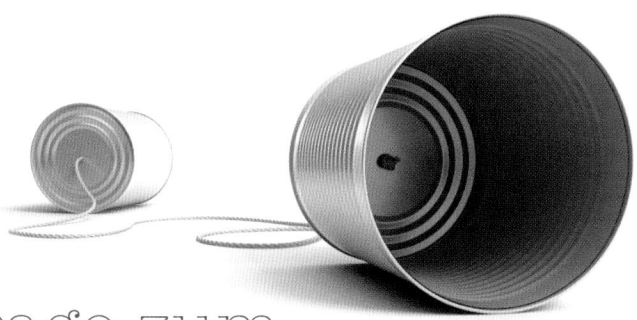

Kundenanfrage zum elektrosmogfreien und strahlungsarmen Handy

DURCH DIE ENTWICKLUNG des Sheng-Fui-Handys „TC Phone 2.0" (vgl. S. 106) ist erstmals die Aussöhnung des modernen Kommunikationsmittels mit der Bewahrung der menschlichen Gesundheit gelungen. Nun haben wir eine Mail einer besorgten Verbraucherin bekommen, die Folgendes schreibt:

Auf der Suche nach einem strahlungsfreien Handy stieß ich auf Ihre Internetseite. Ich wollte Sie fragen, wie teuer dieses Handy ist, wie es aussieht und ob es garantiert ohne E-Smog-Strahlung funktioniert. Die Technologie würde mich ebenfalls interessieren.

Nur allzu gerne nehmen wir diese Anfrage auf und weisen auf die Unterschiede zu anderen Herstellern hin: Herkömmliche Anbieter verlöten ihre Handyschalen immer noch mit Blei, was zu Blei-

vergiftungen und Unfruchtbarkeit führt. (Letzteres wirkt sich auch unmittelbar auf die Arbeiterinnen in den chinesischen Handyfabriken aus, sodass dieses produzierende Gewerbe langsam, aber sicher ausstirbt.)

Wir hingegen verwenden für die Außenhaut unseres Handys eine korrosionsfreie Stahllegierung mit einer Dicke von 0,49 Millimetern, die in einem Schmelztauchverfahren mit Zinn beschichtet wird. Nach dem Verschließen der Handyschale erfolgt schließlich die Pasteurisierung und Sterilisierung in einem Autoklav, was eine lange Haltbarkeit des Geräts gewährleistet und saubere Gespräche ermöglicht.

Schließlich versehen wir die Handyschale für eine bessere Haptik in einem letzten Arbeitsschritt mit

Das Leben ist ein dorniger Rosenstrauch und das Glück die verdorrte Blüte daran.

dem besonders widerstandsfähigen und dennoch griffigen Esostan 2000®. Dies ist ein Zugeständnis an den allgemeinen Zeitgeist, der uns die berühmte Klavierlackoptik abverlangt. Wir sind jedoch der einzige Anbieter, der nicht nur den Klavierlack aufbringt, sondern auf Wunsch auch schwarze und weiße Tasten.

Für das Verbindungskabel verwenden wir eine speziell behandelte Faser des chinesischen Seidenspinners, welche alle Kunststofffasern weit hinter sich lässt. So erhält das Gewebe durch die Behandlung mit Mondwasser in einer klaren Vollmondnacht eine Zugfestigkeit von 250–300 daN/mm^2! Damit ist es extrem lange haltbar, was bei Dauergesprächen ein echter Vorteil sein kann. Es weist zudem eine hohe Beständigkeit gegen Abrieb, Feuchtigkeit, UV-Strahlen und Chemikalien auf, was sich bei ätzenden Gesprächspartnern äußerst positiv auswirkt.

Nicht mehr gebrauchsfähige Handys spenden wir für Wurfspiele an Kirmesunternehmen oder Zirkusveranstalter.

Das strahlungsarme Sheng-Fui-Handy ist zum Vorteils-Paketpreis von € 1,– (beide Komponenten plus Kabel!) mit unbegrenztem Gesprächsvolumen bei uns im Shop erhältlich! Gleichzeitig erhalten Sie jeden Monat eine neue attraktive Klangschale zum Einführungspreis von € 199,– zugesandt, die sie auf Wunsch behalten dürfen (Einzugsermächtigung nicht vergessen!).

GYMNASTIK FÜR AUTOFAHRER

Die Deutsche Verkehrswacht und Autoclubs wie ADAC und ACE warnen in regelmäßigen Abständen und aus guten Gründen vor den Gefahren längerer Autobahnfahrten.

Gönnt man dem Körper keine ausreichenden Pausen, nehmen Reaktions- und Wahrnehmungsfähigkeit in erschreckendem Maße ab. So kommt es zu verzögerten Ausweich- und Bremsmanövern oder gar zum gefürchteten Sekundenschlaf, der für manch einen Verkehrstoten auf Deutschlands Straßen verantwortlich ist.

Der Übermüdung am Steuer kann mit einfachen Sheng-Fui-Gymnastikübungen entgegengewirkt werden.

Halten Sie dazu Ihr Fahrzeug am Straßenrand, suchen Sie sich eine wenig befahrene Stelle und führen Sie die Übungen wie in den Abbildungen auf den folgenden Seiten durch.

So schnell du auch gehst, du kannst deine Füße nicht einholen.

Optische Täuschungen 1

UNSER GEHIRN SPIELT uns so manchen Streich. Besonders die optischen Täuschungen sind ein faszinierendes Feld der noch jungen Wissenschaft der Wahrnehmungspsychologie nach Sheng Fui. Denn unsere optische Wahrnehmung ist besonders leicht zu betrügen, was sich die Werbeindustrie immer wieder zu Nutze macht. So wird in großformatigen Anzeigen oft der neue Margarinetiegel mit „20 % mehr Inhalt" oder der Schmalztopf mit „30 % höherem Rindertalganteil" beworben und diese vermeintlichen Mengenänderungen mit manipulierten Bildern unterstrichen. Sheng Fui startet eine Aufklärungsserie, die Sie mit den verbreitetsten Illusionen vertraut macht. Ab jetzt macht Ihnen keiner mehr etwas vor und Sie sind immun gegen die Tricks der Werbebranche mit ihren bewusst irreführenden Bildern.

Welche Linie ist länger? Die obere Linie erscheint uns länger. In Wahrheit sind jedoch beide Linien exakt gleich lang.

HINWEIS: Falls Sie beim Nachmessen mit dem Lineal auf geringfügig unterschiedliche Werte für die Längen kommen, leidet Ihr Lineal oder das Papier dieses Buchs unter einer sogenannten Kissenverzerrung. Sie sollten sich dann schleunigst beim zuständigen Händler/Hersteller melden.

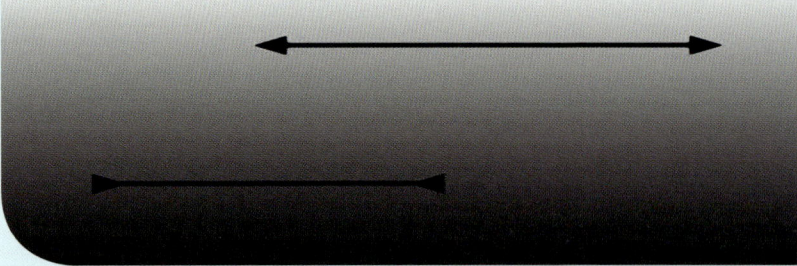

Optische Täuschungen 2

Ungeschulte Personen nehmen den linken roten Kreis als größer wahr als den rechts abgebildeten Kreis. In Wahrheit handelt es sich um exakt identische Kreise gleicher Größe.

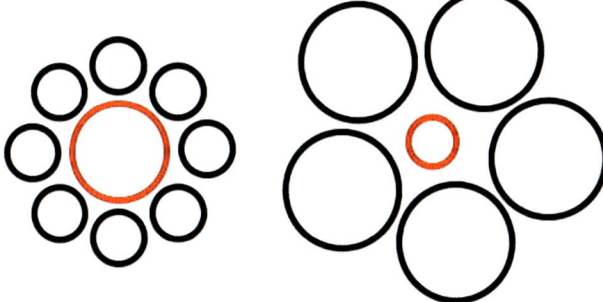

DES RÄTSELS LÖSUNG: Das Gehirn einer untrainierten Person nimmt die Kreise als unterschiedlich groß wahr, weil der optische Cortex des vorderen Frontallappens durch die ringförmig umgebenden schwarzen Kreise getäuscht wird. Diesen optischen Manipulationen kann ab sofort mit einem gezielten und fortgesetzten Augentraining nach Sheng Fui (Eye-Building/Mo, Mi, Fr von 17.00 bis 19.00 Uhr/Seminarraum 2/Energieausgleich € 75,–) entgegengewirkt werden.

Optische Täuschungen 3

Ungeübte Beobachter nehmen die schwarzen Linien der Abbildung als von links nach rechts schräg absteigend wahr.

AUFLÖSUNG: Die optische Täuschung kommt durch die versetzt angeordneten grauen Quadrate zustande. In Wirklichkeit verlaufen die Linien gerade und parallel zur Ober- und Unterkante des Bildes.

WEISHEITEN DES MEISTERS:

»Jede Minute, die man über andere lacht, verlängert das Leben um eine Stunde.«

Liebe ist ein Feuer, das nur durch Hass gelöscht werden kann.

NEUE KENNZEICHNUNGSPFLICHT FÜR „FENG-SHUI"-GERÄTSCHAFTEN

Nicht zuletzt dank unserer Wachsamkeit und Initiative müssen „Feng-Shui"-Berater seit dem 1. Januar 2010 auf sämtlichen Gerätschaften (Koffer, Kompass, Klangschale) deutlich sichtbare Warnhinweise anbringen.

DIES GILT IN allen Mitgliedstaaten der EU sowie in der Schweiz und dient der Umsetzung der EU-Richtlinie über die Herstellung, die Aufmachung und das In-den-Verkehr-Bringen von Esoterikerzeugnissen (2001/37/EG).

Im Gesetzestext sind Größe und Gestaltung der Warnhinweise detailliert geregelt. Außerdem wird der Wortlaut der Warnhinweise festgelegt. Neben den allgemeinen Warnhinweisen „,Feng Shui' wirkt IQ-senkend" oder „,Feng Shui' reduziert den Inhalt Ihrer Brieftasche" muss jeweils ein ergänzender Warnhinweis (wie in der Grafik dargestellt) angebracht werden.

GYMNASTIK FÜR AUTOFAHRER Teil I

Fingerzeig des Allmächtigen

Der Übungszyklus sollte stets mit dem „Fingerzeig des Allmächtigen" begonnen werden, der auf simple Art und Weise die Blutzirkulation anregt. Für eine möglichst gerade Beinhaltung suchen Sie sich am besten eine Vergleichsgerade wie z. B. einen Brückenpfeiler.

 Schlag nie die Hand, die man dir entgegenstreckt. Schlage stets die andere.

Feng Shui kann zu massivem Bargeldschwund führen.

Feng Shui kann die Spermatozoen schädigen und schränkt die Fruchtbarkeit ein.

Lustiger Zeitvertreib, aber ohne jede Wirkung.

Wer's glaubt, wird arm!

Feng Shui in der Schwangerschaft schadet Ihrem Kind.

Wer Feng Shui aufgibt, verringert das Risiko von Altersarmut.

Feng Shui fügt Ihnen und den Menschen in Ihrer Umgebung erheblichen Schaden zu.

Vorsicht! Enthält esoterische Schadstoffe!

WUSSTEN SIE SCHON, dass Leute aus dem Orient über einen ausgeprägten Orientierungssinn verfügen?

GYMNASTIK FÜR AUTOFAHRER
Teil 2

Gefrorene Welle von Xian-Zi

Auf den „Fingerzeig des Allmächtigen" (vgl. vorige Seite) sollte stets die „Gefrorene Welle von Xian-Zi" folgen. Bei dieser Übung bereitet dem ungeübten Anwender besonders das Durchstrecken der Zehen einige Schwierigkeiten. Die Mobilität wie auch die Motilität der „Finger des Fußes" (Xi-tse-Tuan) sollten daher schon im heimischen Wohnzimmer ausreichend eingeübt worden sein, damit man sich auf der Straße nicht blamiert.

Achten Sie ferner darauf, dass Ihre Wirbelsäule diagonal zur gedachten Horizontlinie verläuft. Eine ruhige und tiefe Zwerchfellatmung verstärkt den positiven Effekt und Sie können Ihre Reise frisch erholt und wie neugeboren fortsetzen.

 Über Vergangenes mache dir keine Sorgen; das Kommende sollte dir Sorgen machen.

Die Rolle der Zimmernummer bei der Hotelzimmerwahl nach Sheng Fui

Endlich Ferienzeit! Regelmäßig zu Ostern, im Sommer, im Herbst und zu Weihnachten kann man diesen Stoßseufzer urlaubsreifer Eltern und ihrer Kinder hören.

DOCH DIE KOSTBARSTEN Wochen des Jahres können sich in eine Zeit voller Krankheiten und Albträume verwandeln, wenn man ein paar grundlegende Sheng-Fui-Regeln missachtet. Der Wahl der richtigen Zimmer- bzw. Apartmentnummer kommt eine elementare Bedeutung für einen unbeschwerten Urlaub zu. Wählen Sie bereits bei der Buchung oder spätestens beim Eintreffen am Zielort die Zimmernummer 23,5!

WUSSTEN SIE SCHON, dass asiatische Hotels freiwillig 23,5 % Mehrwertsteuer für Hotelübernachtungen abführen?

Zum Hintergrund: **Der Zahl 23,5 kommt im Sheng Fui seit jeher eine zentrale Bedeutung zu:**

✳ **Im Harem eines der ersten Sheng-Fui-Weisen im Jahre 235 vor Christus lebten 23 Frauen und ein Eunuch (= 0,5 Frauen).**

✳ **23 Sheng-Fui-Gelehrte und 1 Adept (= 0,5) schrieben für 23 Tage und 5 Stunden am Sheng-Fui-Manifest.**

✳ **Das Abendmahl von Tse-Tang dem Älteren, dem Schöpfer schier unendlicher Tagesweisheiten, bestand aus exakt 23,5 Reiskörnern.**

✳ **Das erste Klangschalenkonzert wurde auf 23 großen und einer kleinen (halben) Klangschale im zentralchinesischen Fang-Schu zelebriert, und zwar am 23. Mai (23.5.).**

✳ **Bei der Schlafrichtung sollte stets darauf geachtet werden, dass diese nicht mehr als 23,5 Grad Varianz zur quer verlaufenden Wasserader hat. Diese Liste könnte noch endlos weitergeführt werden …**

Achten Sie also bei der Hotelzimmerwahl auf die richtige Buchung. Die großen Internetportale wie Expedia oder Opodo haben sich schon längst darauf eingerichtet und bieten – wenn auch unverständlicherweise nur gegen Aufpreis – stets die explizite Buchung des Zimmers 23,5 an.

 Nur wer reichlich sparsam ist, spart reichlich.

Water Enhancer Deluxe
jetzt auch in der praktischen Mobile Edition erhältlich

Auf S. 104 haben wir über eine bewegende Entwicklung berichtet, die auf der internationalen Fachmesse für Sheng Fui CEERSF vorgestellt wurde: den Wasservitalisierer **Water Enhancer Deluxe**.

MITTLERWEILE ER-REICHTEN UNS eine Welle von begeisterten Leserzuschriften und zahlreiche Bestellungen des sensationellen Spezialgeräts zur nachhaltigen Wasserverbesserung.

Der meistgeäußerte Wunsch war der nach einem handlicheren Gerät zum Mitnehmen. Ob Mediziner für den Arztkongress, Außendienstmitarbeiter für die Geschäftsreise oder Familienvater für den Sommerurlaub: Alle einte der Wunsch nach einer tragbaren Version des *Water Enhancer Deluxe*.

Deutlich kleiner, deutlich leichter bei dennoch ähnlichen Leistungen – so lautete das Anforderungsprofil, das wir unseren Entwicklungsingenieuren übergaben. Unter Hochdruck entstand daraufhin der *Water Enhancer Deluxe* in der praktischen Mobile Edition.

Die Apparatur besteht aus einem transparenten deckellosen Rundbehältnis aus einem amorphen, nichtkristallinen Feststoff und einem metallischen Rührwerkzeug, welches das Wasser in Rotationsschwingungen versetzt. Dank einer mehrphasigen chemischen Legierung konnte nahezu derselbe Wirkungsgrad erzielt werden wie mit der Großapparatur.

Wer sein Wasser auch auf Reisen und unterwegs verbessern und vitalisieren will, sollte unbedingt auf die mobile Version des *Water Enhancers* bauen. Kein anderes Gerät kann mit einem derart einfachen Wirkmechanismus aufwarten! Trotzdem ist das Gerät für begrenzte Zeit für unter € 1000,– erhältlich; ein Preis, der kaum die Herstellungskosten deckt.

 Ein gefällter Baum hat immer noch Äste.

Umstrittener »Feng-Shui«- Freilandversuch
mit sog. Energiesparpflanzen

Die Gentechnik entwickelt im Wortsinne immer absurdere Blüten. So haben die Anhänger des umstrittenen „Feng-Shui"-Kults in Niederbayern klammheimlich und ohne behördliche Genehmigung die Aussaat von gentechnisch manipulierten Energiesparpflanzen gestartet.

WIR RUFEN HIERMIT zum Widerstand gegen die Pflanzung von gentechnisch veränderten Energiesparpflanzen auf! Die in der Nacht schwach leuchtenden Felder sind die Hauptverursacher der modernen Lichtverschmutzung („light pollution").

Wie jeder weiß, werden Naturpflanzen in ihrem Wachstumszyklus durch eine künstlich aufgehellte Umgebung ungünstig beeinflusst. In naher Zukunft dürften 50 cm hohe Birken und 1,20 Meter hohe Krüppeleichen (Endhöhe) nicht die Ausnahme, sondern die Regel in Deutschlands Wäldern sein.

Außerdem behindert die Lichtverschmutzung durch die künstliche Spektralwirkung die Navigation und Orientierung nachtaktiver Insekten und Zugvögel erheblich.

Aber auch der Tag-Nacht-Zyklus des Menschen ist durch die Licht-Überstrahlung gefährdet. Wegen der gestörten Nachtruhe und vorzeitigen Aufwachzeitpunkten müssten die Kindergartenzeiten in die helle Nacht vorverlegt werden. Die Folge: Das seit Jahrzehnten bei den Kindern bewährte „Sandmännchen" müsste bereits um 13.00 Uhr ausgestrahlt werden, was auf Kosten der beliebten Gerichtsshows ginge.

Wir rufen daher zum zivilen Ungehorsam und zur Feldbefreiung auf. Wir wollen die „Feng-Shui"-Sektierer mit dem entschlossenen Widerstand der Bevölkerung konfrontieren. Unsere Feldbefreiungsaktion soll sichtbar machen, dass sogenannte Energiesparpflanzen in Deutschland keine Chancen haben.

 Meist folgt auf den Tag die Nacht, aber sei gewahr, dass es auch umgekehrt kommen kann.

Der große Chi-Atlas

Der große Chi-Atlas

Herkunft des Chis und seiner anverwandten Aggregatzustände
gem. Meyer, Hoffmeister et. al. unter Bezug auf Dr. Chi-wago

Chi-huahua

Chi-nin

Chi-tinpanzer

Chi-ffre

Chi-vap-Chi-Chi

Chi-märe

Chi-bedach

Chi-llen

Chi-cks

Chi-n-chi-lla

Chi-ffon

Chi-springen

Chi-li con Carne

Chi-ef

Chi-rurg

Chi-ppendales

Chi-coree

Chi-anti

Chi-p

Chi-nin

Chi-asmus

Chi-Unterwäsche

Chi-ldkröte

Chi-c

Auf einem Marsch von hundert Meilen sind fünfzig erst die Hälfte.

Wie man gefährliche Handystrahlen vermeidet

VIELE ANWENDER WOLLEN sich partout nicht von ihrem heiß geliebten Handy trennen, obwohl es mittlerweile strahlungssichere Alternativen gibt. Und bei jedem Telefonat setzen sie sich weiterhin dem gefährlichen Elektrosmog und der tückischen Mikrostrahlung aus (vgl. S. 106). Wussten Sie zum Beispiel, dass im Innenohr bereits nach einem 20-minütigen Telefongespräch Temperaturen von bis zu 70 Grad erreicht werden? Wir empfehlen das Tragen unserer Abschirmungsmaske, die jegliche schädlichen Strahlen fernhält. Die Maske ist nicht nur Ihrer Gesundheit zuträglich, sondern ist auch noch ein kleidsames Accessoire, das zu jeder Garderobe passt – egal ob lässig privater Look oder förmliches Business-Outfit. Wer die Handymaske noch heute bestellt, erhält ein paar getönte Ersatzgläser zusätzlich. Bestellen Sie am besten jetzt gleich!

So klappt's mit dem Karma:

NEHMEN SIE NICHT irgendein Gefäß, um böses Karma einzufangen, sondern greifen sie zu einem der nachfolgenden zertifizierten Behälter:

Biophotonischer Becher
Brahmanischer Bottich
Dämonische Dose
Elektromagnetischer Eimer
Faraday'sches Fass
Feinstofflicher Flakon
Freimaurerische Flasche
Geomantisches Glas
Kosmischer Kanister
Karmische Kanne
Konfuzianischer Krug
Ptolemäischer Pokal
Schicksalsschale
Spiritistische Schüssel
Taoistische Tasse
Telekinetische Terrine

Das kleine Glück

»Das Einzige, was die Armut beseitigen kann, ist Geld.«

Ein falsch gesetzter Bindestrich mit schweren Folgen ...

Im „Feng Shui" wird vielfach von der „Reichtumsecke" gesprochen. Gemäß dem umstrittenen „Drei-Türen-Bagua" werden in wahllos ausgewählten Hausecken Zimmerspringbrunnen aufgestellt, „auf dass der Geldstrom nie versiege". Doch wie kam es überhaupt zum Begriff der Reichtumsecke?

Tse-Tang der Ältere schrieb im Sheng-Fui-Manifest wie folgt:

**Werft die Reichtum-Secke
und Taler-Schröpfer aus
dem Hause, denn sie sind es,
die falsch Zeugnis ablegen
und Sheng Fui leugnen.**

Die „Feng-Shui"-Fälscherbande schrieb diesen Text später dann wie folgt um (und aus Reichtum-Secke wurde Reichtums-Ecke):

**Richtet eine Reichtums-Ecke
für Taler-Schöpfer ein
und leget damit Zeugnis ab
für das einzig wirkliche
und wahre „Feng Shui".**

Diese dreiste Fälschung muss wieder und wieder aufgedeckt und angeprangert werden!

Studien zur Wirksamkeit von Sheng Fui

Heute erhielten wir per E-Mail folgende Anfrage:

„Auf der Suche nach Untersuchungen oder Studien über Sheng Fui für meine Seminararbeit bin ich auf Ihre Seite gestoßen. Mit großem Interesse habe ich Ihre Beiträge und Äußerungen gelesen. Leider habe ich aber keine Arbeiten oder Studien darüber gefunden, worauf sich Sheng Fui stützt.

Nun möchte ich Sie fragen, ob Sie mir vielleicht ein paar Links dazu schicken könnten. Sie kennen bestimmt eine Menge Literatur und Arbeiten über das Thema Sheng Fui. Gibt es evtl. auch wissenschaftliche Überprüfungen von Sheng Fui? Besten Dank für Ihre Bemühungen!"

Auch wenn du siebenmal hintereinander fällst, bleib einfach liegen.

Weil unsere Antwort bestimmt viele Leser dieses Werks interessiert, wollen wir kurz daraus zitieren.

Im Standardwerk „International Clinical Trial Studies on the Effectiveness of Sheng Fui" sind alle in Frage kommenden Studien, welche die Wirksamkeit von Sheng Fui belegen, ausgewertet worden.

Die vier wichtigsten Studien der letzten Jahre seien hier stellvertretend genannt:

* 2003 Double Blind Study on Sheng Fuis Banana Bagua
  (Masters, Masters et al.; Detroit)

* 2004 Big Comparison Study: Sheng Fui better than „Feng Shui"
  (Owl & Zypell et al.; Harvard)

* 2005 Hospital Pilot Study on aromatic therapies with shoes and fishes in Sheng Fui
  (Miller, Jensen; Boston)

* 2007 Sheng Fui Geopolygonic Circle Therapy Centre Project Evaluation
  (Johnson, Shoemaker, Levy; New York)

Für Ihre Seminararbeit wünschen wir Ihnen alles Gute und verbleiben mit freundlichen Grüßen

Lorenz Meyer (www.sheng-fui.de)

Bist du ungeduldig, halte einen Moment inne und übe dich in Geduld.

Index

Über den Autor:

Lorenz Meyer hat mehrere Jahre in Asien unter der
Anleitung chinesischer Großmeister die altchinesischen
Schriftrollen von Tse-Tang dem Älteren (dem Schöpfer
der Goldenen Weisheiten des Sheng Fui) studiert.

* Master Degree in Sheng Fui & Esoteric Studies
* Certificate of Practice der Imperial School of Sheng Fui
* Approved Member of the Sheng Fui Center of Excellence
* Accredited Consultant of the Sheng Fui Institute
* Absolvent der Master Academy of Sheng Fui Metaphysics
* Certificate of the Institute for Integral Sheng Fui and Chinese
  Astrology

Desweiteren hat er Berufsabschlüsse als
* Certified Sheng Fui Practitioner, Energy Healer & Esotherapist
* Holistic & Spiritistic Sheng Fui Consultant

**Außerdem ist er Honorary Member der
International Sheng Fui Association (ISFA) auf Lebenszeit**

**Besuchen Sie uns im Internet unter
www.sheng-fui.de**

Die Erfahrungswissenschaft **Sheng Fui** ist auch im Internet vertreten.

Unsere energetischen Seiten sind, anders als die meisten anderen Onlineangebote, 24 Stunden und 7 Tage die Woche erreichbar und wir haben auch an Feiertagen geöffnet.

Neu: Die von uns durchgeführte Erleuchtung wird mit Energiesparlampen der Effizienzklasse IV durchgeführt und ist für jeden völlig umsonst.

Sorgen Sie für ein erfülltes Leben dank fernöstlicher Leere und besuchen Sie uns unter **www.sheng-fui.de.** Über andere Therapieansätze, die mit einer gezielten Stimulierung der Zwerchfellmuskulatur einhergehen, informiert Sie außerdem **www.carlsenhumor.de.**

10 11 12 13 4 3 2 1

Copyright © Andreas F. Golla/Carlsen Verlag GmbH, Hamburg 2010
Lektorat: Oliver Thomas Domzalski
Herstellung: Constanze Hinz
Layout: Katrin Schmidt (katrin.schmidt.de@gmx.de)
Umschlaggestaltung: Diana Lukas-Nuelle (diana@illustregesellschaft.de)
Druck und buchbinderische Verarbeitung: Livonia Print, Riga
Printed in Latvia

ISBN: 978-3-551-68451-6

www.carlsenhumor.de